实战抖音电商

30天打造爆款直播间

陈浩 苏凡博 ◎ 编著

随着直播短视频等模式的兴起，国内的直播电商行业开始进入"下半场"的竞争。在此背景下，本书以抖音直播间的精细化运营为基础，从实战应用的视角，通过30天的日记体形式，详细揭示了从零开始打造抖音直播间的全流程，并详细剖析了抖音直播间五大核心数据（直播间成单数据、停留时长、互动率、点击进入直播间和涨粉数据）的经典打法及其底层逻辑，这些核心数据决定了一个直播间在抖音流量算法中的商业价值。

在章节结构方面，本书将一个从无到有再到盈利的直播间划分为筹备、起号、稳号和盈利四个阶段，便于读者清晰理解抖音直播间精细化运营的过程，同时以"日记体+深度课堂"的形式生动诠释了直播间运营的底层逻辑，兼顾了趣味性和专业性，可帮助直播电商的初创者或团队掌握抖音电商直播间的完整运营思路，也可用于大中专院校及直播电商培训机构的相关培训教学活动。

图书在版编目（CIP）数据

实战抖音电商：30天打造爆款直播间/陈浩，苏凡博编著 .—北京：机械工业出版社，2022.5（2022.11 重印）

ISBN 978-7-111-70663-2

Ⅰ. ①实… Ⅱ. ①陈… ②苏… Ⅲ. ①网络营销 Ⅳ. ①F713.365.2

中国版本图书馆 CIP 数据核字（2022）第 073684 号

机械工业出版社（北京市百万庄大街22号 邮政编码100037）
策划编辑：丁 伦 责任编辑：丁 伦
责任校对：秦洪喜 责任印制：刘 媛
涿州市般润文化传播有限公司印刷
2022年11月第1版第2次印刷
170mm×240mm · 12.5 印张 · 226 千字
标准书号：ISBN 978-7-111-70663-2
定价：69.90元

电话服务	网络服务		
客服电话：010-88361066	机 工 官 网	：	www.cmpbook.com
010-88379833	机 工 官 博	：	weibo.com/cmp1952
010-68326294	金 书 网	：	www.golden-book.com
封底无防伪标均为盗版	机工教育服务网	：	www.cmpedu.com

前　言

众所周知，国内直播电商行业取得了令人瞩目的发展：继 2020 年行业规模突破 1 万亿元人民币后，2021 年行业规模更是突破了 2 万亿元人民币，年增长率超过 100%。行业普遍预计未来三年，国内的直播电商规模将达到 5~8 万亿元人民币。除此之外，直播电商的行业生态也将发生重大变化，抖音平台依托超 6 亿的日活跃用户、完善的内容生态以及日渐成熟的电商体系，在直播电商市场规模中名列前茅，未来也将持续保持对于国内直播电商行业的创新和引领地位，体现在直播间 GMV（Gross Merchandise Volume，商品交易总额）稳定产出规模，以及直播电商的品牌化运营等方面，因此行业内才有了"得抖音者得天下"的说法，这也是本书聚焦在抖音直播电商平台的根本原因。

正如本书书名所展示的，对于抖音直播电商的学习和应用而言，30 天是直播间能否成功的关键，本书两位主创人员依靠多年来对直播电商行业的深度研究和实战经验，真实还原了打造一个盈利直播间的全流程，将一个创业团队 30 天所做的每一步以日记的方式生动地展示出来，并通过"深度课堂"模式从底层原理深度解析这期间的每一个步骤和环节，引领读者理解抖音直播电商的底层逻辑。

相信通过情景式创业日记和手把手教学的立体化学习方式，可以让每一位致力于抖音直播电商创业的读者获取 30 天打造盈利直播间的成功秘籍，帮助每一位想要拥有盈利直播间的读者实现自己心中期待的直播电商创业梦想，借助未来几年直播电商"下半场"大幕开启的风口，让每一位直播带货创业者的梦想都能起飞，一起向未来。

本书适用于新媒体电商、传统电商或第三方电商等平台的职业主播阅读学习，也适用于视频 up 主、自媒体和播客等转型人员，以及对直播感兴趣的读者阅读。

最后特别感谢嘉美洛有限公司总裁任建华先生亲自安排各个部门配合本书的编写工作，并无私开放公司所有资源，从而为本书提供了丰富的素材和资源支持。

编　者

目 录
CONTENTS

前言

第一章（Day1~Day7） 直播间的筹备阶段

Day1　组建项目团队 / 002
　　一、每日任务清单 / 002
　　二、洁洁创业日记：团队是直播间成败的关键 / 002
　　三、深度课堂 / 004
　　　　（一）直播间团队由哪些岗位组成？各自职责是什么？ / 004
　　　　（二）运营团队中的哪些岗位比较关键？ / 006
　　　　（三）根据哪些因素决定团队配备的标准？ / 007
　　　　（四）什么情况下需要配备短视频团队？ / 008

Day2　第三方数据分析平台 / 009
　　一、每日任务清单 / 009
　　二、洁洁创业日记：数据分析是团队运营的基础 / 009
　　三、深度课堂 / 011
　　　　（一）第三方数据监测平台有价值吗？ / 011
　　　　（二）直播间关键数据指标有哪些？ / 014
　　　　（三）直播电商运营都是"计算"出来的 / 016

Day3　供应链及选品 / 017
　　一、每日任务清单 / 017
　　二、洁洁创业日记：选品是直播间运营的第一步 / 018
　　三、深度课堂 / 019
　　　　（一）什么是品类？如何确定卖什么品类？ / 019
　　　　（二）抖音精选联盟有什么优劣势？ / 021
　　　　（三）如何进行数据选品？ / 021

Day4　供应链线下选品 / 024
　　一、每日任务清单 / 024
　　二、洁洁创业日记：供应链是直播间的核心竞争力 / 024
　　三、深度课堂 / 026

（一）线下选品环节是必需的吗？线下选品有什么价值？ / 026

（二）线下选品过程中，从哪些方面评估产品？ / 026

（三）什么是白牌产品？白牌产品具有什么优势？ / 027

（四）如何获得供应链的联系方式？ / 028

（五）初创团队和供应链合作时需要注意哪些问题？ / 029

Day5　账号注册及装修　/　029

一、每日任务清单 / 029

二、洁洁创业日记：账号人设是起号的基础 / 030

三、深度课堂 / 031

（一）如何做好账号的人设定位？ / 031

（二）注册新的直播间账号有哪些技巧？ / 032

（三）账号装修的意义和应该注意的问题 / 033

（四）什么是起号？多个账号进行测号有必要吗？ / 034

Day6　直播间的搭建　/　035

一、每日任务清单 / 035

二、洁洁创业日记：只选对的，不选贵的 / 035

三、深度课堂 / 036

（一）和淘宝等传统直播相对比，抖音直播的特点是什么？ / 036

（二）从场地构成条件来看，抖音直播间有哪些类型？ / 037

（三）搭建直播间需要注意哪些问题？ / 038

（四）直播间如何完成基础布光？ / 039

（五）场景搭建如何对直播间数据产生影响？ / 039

Day7　直播间销售功能开通　/　040

一、每日任务清单 / 040

二、洁洁创业日记：开通销售功能 / 041

三、深度课堂 / 042

（一）抖音小店分为哪几种类型，它们之间有什么区别？ / 042

（二）抖音小店上架产品时应关注哪些问题？ / 043

（三）如何快速度过抖音小店的新手期？ / 044

（四）关于抖音小店的运营，还需要关注哪些问题？ / 044

第二章　(Day8~Day14)　直播间起号阶段

Day8　直播间货盘的组建　/　048

一、每日任务清单 / 048

二、洁洁创业日记：创建直播间的货盘 / 049

三、深度课堂 / 050
　　（一）什么是直播间的货盘？其构成是什么？ / 050
　　（二）为什么要组建货盘？ / 052
　　（三）货盘背后的流量运营原理是什么？ / 052
　　（四）如何看待货盘中的爆品？爆品为什么难以复制？ / 054

Day9　撰写直播脚本 / 055
一、每日任务清单 / 055
二、洁洁创业日记：直播脚本是直播间运营的基本功 / 055
三、深度课堂 / 057
　　（一）直播脚本是什么？如何撰写直播脚本？ / 057
　　（二）直播脚本中的欢迎和关注话术有哪些？ / 059
　　（三）直播脚本及话术如何影响直播间数据？ / 060

Day10　电商短视频的拍摄 / 061
一、每日任务清单 / 061
二、洁洁创业日记：短视频是撬动直播间流量的重要途径 / 061
三、深度课堂 / 062
　　（一）是否一定要有预热视频？提前多久发布预热视频？ / 062
　　（二）电商短视频的分类主要有哪些？ / 063
　　（三）短视频内容的创意，如何能深入人心？ / 063
　　（四）拍摄短视频是否需要高端专业设备？ / 064
　　（五）预热短视频的类型有哪些？如何投流推广？ / 064

Day11　直播间开播测试 / 067
一、每日任务清单 / 067
二、洁洁创业日记：首次开播的任务是团队磨合 / 067
三、深度课堂 / 069
　　（一）什么是铺货？开播前为什么要准备铺货？ / 069
　　（二）正式开播前，直播间需要进行哪些调整？ / 069
　　（三）直播间流量来源分为几个部分？什么是流量健康度？ / 070
　　（四）新号开播，抖音算法推荐流量的逻辑是什么？ / 071
　　（五）什么是泛流量？如何保障直播间流量的精准度？ / 072

Day12　复盘分析 / 073
一、每日任务清单 / 073
二、洁洁创业日记：省略复盘分析的团队不是好团队 / 074
三、深度课堂 / 075
　　（一）直播间都需要复盘吗？多久复盘一次？ / 075
　　（二）复盘之后的优化措施有哪些？ / 076

Day13　千川投流工具的使用技巧　/　078

一、每日任务清单　/　078

二、洁洁创业日记：千川投流是直播间运营的必备技巧　/　078

三、深度课堂　/　079

（一）引流必须要付费流量吗？依靠自然流量能否生存？　/　079

（二）什么是千川？千川投流的基本逻辑是什么？　/　080

（三）制订千川计划需要考虑哪些因素？　/　082

（四）千川付费引流只是为直播间购买流量吗？　/　084

Day14　测号与起号结束　/　085

一、每日任务清单　/　085

二、洁洁创业日记：从美妆号到香水号的测号过程　/　085

三、深度课堂　/　086

（一）测号需要持续多久？如何判断起号成功？　/　086

（二）哪些方面的因素会导致测号失败？　/　087

（三）从行业规律来看，起号需要投入多少钱？　/　089

第三章　(Day15~Day21)　直播间稳号阶段

Day15　稳号阶段的实施内容　/　092

一、每日任务清单　/　092

二、洁洁创业日记：香水号终于进入稳号阶段了　/　093

三、深度课堂　/　094

（一）什么是稳号阶段？所有直播间都需要稳号阶段吗？　/　094

（二）稳号的本质是什么？　/　095

（三）稳号阶段的实施内容是什么？　/　095

（四）稳号阶段需要多长时间才能完成？　/　097

Day16　稳号阶段的选品优化　/　098

一、每日任务清单　/　098

二、洁洁创业日记：选品优化是一个持续的动态过程　/　098

三、深度课堂　/　099

（一）稳号阶段的选品优化是否可以扩展品类？　/　99

（二）稳号阶段的选品优化是否会干扰直播间标签？　/　100

（三）选品调整优化的数据参考因素是什么？　/　100

Day17　稳号阶段的内容优化　/　103

一、每日任务清单　/　103

二、洁洁创业日记：短视频是内容优化的重要内容　/　103

三、深度课堂 / 104
　　（一）什么是内容优化？为什么要做内容优化？ / 104
　　（二）短视频如何优化才能改善直播间的数据表现？ / 105
　　（三）直播脚本如何优化？ / 107
　　（四）如何优化主播话术和玩法？ / 108

Day18　稳号阶段的团队优化 / 109
一、每日任务清单 / 109
二、洁洁创业日记：以稳定为主的团队调整策略 / 109
三、深度课堂 / 111
　　（一）稳号阶段是否有必要调整更换核心人员？ / 111
　　（二）大部分情况下主播是关键角色，如何稳定主播？ / 111
　　（三）直播电商团队的薪酬水平及合作模式是什么？ / 112
　　（四）为什么稳号阶段是团队稳定的高风险期？ / 113

Day19　稳号阶段的标签优化 / 114
一、每日任务清单 / 114
二、洁洁创业日记：调整直播间的系统标签 / 114
三、深度课堂 / 115
　　（一）什么是改标签？抖音标签系统是如何构成的？ / 115
　　（二）稳号阶段为什么需要调整并优化标签？ / 116
　　（三）选品优化的核心任务是修改直播间的价格标签吗？ / 116
　　（四）如何通过主播人设调整直播间标签？ / 117
　　（五）通过千川付费流量调整直播间标签可行吗？ / 118

Day20　稳号阶段的投流优化 / 118
一、每日任务清单 / 118
二、洁洁创业日记：付费投流或自然流量的艰难抉择 / 119
三、深度课堂 / 120
　　（一）所有直播间是否都需要付费投流？千川投流的关键是什么？ / 120
　　（二）直播间可以一直依靠自然流量吗？如何避免付费引流导致的亏损？ / 121
　　（三）从直播间流量结构来看，保持流量健康度的好处是什么？ / 122

Day21　稳号阶段的千川出价策略 / 122
一、每日任务清单 / 122
二、洁洁创业日记：不会合理出价的投手不是好投手 / 123
三、深度课堂 / 124
　　（一）千川投放如何通过优化直播间数据撬动自然流量？ / 124
　　（二）稳号阶段千川投流的出价策略是什么？ / 125
　　（三）什么是Feeds Live？什么情况下会用该工具？ / 127

第四章（Day22~Day26）直播间五大核心数据打法

Day22　如何提升直播间成单数据？　/ 130

一、每日任务清单　/ 130

二、洁洁创业日记：成单是系统算法考核的关键数据　/ 130

三、深度课堂　/ 132

（一）五大核心数据中，为什么成单数据最重要？　/ 132

（二）起号和稳号阶段，如何提升成单数据？　/ 133

（三）为提升成单数据，导致亏货很严重该怎么办？　/ 134

（四）单打成单数据，是否会导致直播间被打上廉价标签？　/ 135

Day23　直播间停留时长的提升　/ 136

一、每日任务清单　/ 136

二、洁洁创业日记：停留时长创造了转化的更大可能性　/ 137

三、深度课堂　/ 138

（一）停留时长这个数据有什么意义？　/ 138

（二）通过什么方式可以拉停留时长？　/ 139

Day24　直播间互动率的提升　/ 142

一、每日任务清单　/ 142

二、洁洁创业日记：互动是直播间活力的重要体现　/ 143

三、深度课堂　/ 144

（一）直播间互动数据有什么意义？为什么算法比较重视该指标？　/ 144

（二）提升直播间互动数据的方式有哪些？　/ 145

（三）提升直播间互动过程中，判定违规的原则是什么？　/ 147

Day25　点击进入直播间数据的提升　/ 148

一、每日任务清单　/ 148

二、洁洁创业日记：点击率代表了直播间的"魅力值"　/ 148

三、深度课堂　/ 150

（一）点击进入直播间并非意味着下单购买，该数据有什么意义？　/ 150

（二）通过哪些方法可以提升进入直播间的数据表现？　/ 151

（三）点击进入直播间数据高，是否意味着流量来了，可以切款变现了？　/ 153

Day26　直播间涨粉数据的提升　/ 154

一、每日任务清单　/ 154

二、洁洁创业日记：粉丝对于带货主播的关键价值　/ 154

三、深度课堂　/ 156

（一）侧重公域流量的平台，涨粉数据有意义吗？　/ 156

（二）哪些方式或途径有助于提升直播间的涨粉数据？ / 158
（三）粉丝团可否称为直播间或主播的私域流量？ / 159
（四）粉丝规模是否可以保障直播间脱离"生命周期"的循环？ / 160

第五章（Day27~Day30） 直播间盈利阶段

Day27 如何卡抖音整点带货榜？ / 164
一、每日任务清单 / 164
二、洁洁创业日记：冲榜是提振团队士气的好方法 / 164
三、深度课堂 / 167
（一）抖音的带货榜是什么？主要分为哪几种类型？ / 167
（二）冲整点带货榜对直播间有哪些好处？ / 167
（三）如何冲带货小时榜？ / 169

Day28 如何击穿直播间流量天花板？ / 171
一、每日任务清单 / 171
二、洁洁创业日记：流量是直播间盈利的核心 / 171
三、深度课堂 / 173
（一）抖音的流量池层级是如何划分的？ / 173
（二）什么情况下流量池会跨级别波动？ / 174
（三）流量池层级会一直稳定吗？若不是，该如何保持？ / 175

Day29 什么是直播间的高位下播？ / 177
一、每日任务清单 / 177
二、洁洁创业日记：高位下播操作的实战价值 / 177
三、深度课堂 / 180
（一）什么是高位下播？其对直播间有什么好处？ / 180
（二）下播时机的选择，有哪些影响因素？ / 181
（三）高位下播适用于哪些类型的直播间？ / 182
（四）选择高位下播的底层逻辑是什么？ / 182

Day30 如何控制直播间的引流成本？ / 183
一、每日任务清单 / 183
二、洁洁创业日记：引流成本影响直播间盈利 / 184
三、深度课堂 / 185
（一）引流成本的主要构成是什么？ / 186
（二）如何保持直播间的持续盈利？ / 187
（三）在任何情况下都需要考虑降低引流成本吗？ / 188
（四）降低引流成本的关键是什么？ / 189

第一章
(Day1~Day7)

直播间的筹备阶段

正所谓凡事预则立，不预则废。一个直播间的诞生从筹备阶段就开始了，按照30天打造盈利直播间的进程，筹备阶段包括7天，核心工作是团队的组建和供应链的选择。客观而言，如果把供应链资源拓展和选品真正完成，前期筹备阶段的7天是有些紧张的，这就要看直播间团队原本拥有的供应链资源以及团队成员的人才储备情况了。

直播电商团队的组建是直播间筹备阶段的关键构成，其中以主播、运营和投手三个角色为核心，副播、场控和中控为辅助角色，这六个岗位角色，他们共同决定了一个初创直播带货团队能否顺利起步，最终实现直播间盈利的目标。

Day1　组建项目团队

一、每日任务清单

项目团队的详细岗位和职责如图1-1所示。

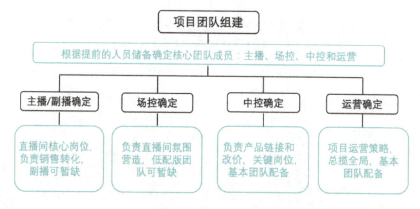

图1-1　项目团队组建

二、洁洁创业日记：团队是直播间成败的关键

7月31日，星期日，天气晴。

我，洁洁，已经大学毕业了，一个月的时间面试了8家公司均以失败告终。毕了业、离了校才发现房租、水电的压力居然这么大，再找不到工作的话，没准儿真的要提前"发配原籍"了。

"这……这是卖零食的？怎么搞得跟演唱会现场似的，直播间在线人数这么多，一场下来得卖不少钱吧？"在面试回去的地铁上，刷着抖音的我，突然被一个卖零食的直播间给吸引了，瞬间沉浸其中，这完全是一个"吃货"的正常反应。

地铁的报站声音将我拉回了现实世界，既然暂时找不到工作，何不利用我播音主持专业的优势以及人脉资源，做一个直播带货的创业项目？自己给自己打工，再也不求人了。

在确认了这个地铁中产生的创业想法之后，我的脑海里立刻浮现出一个人影——阿旭！她是我的好闺蜜，目前正在一家直播电商机构打工，担当运营的岗位，而且最重要的是，阿旭一直以来也有创业的想法。

"洁洁，你真的想好了，不找工作了，决定创业了？"阿旭一脸认真地看着我，似乎深度质疑我的创业决定。"直播带货的创业，可是不容易啊，也许短短的30天就可以定'生死'，这个过程还是讲究技巧的，也需要不同岗位的人加入，你真的决定了？"

正在被创业激情"烘烤"的我当然表达了坚定的意愿，而且这几天我也学习并研究了不少人气很旺的直播间，自认为不算是个"菜鸟"。

"洁洁，既然如此，作为好闺蜜，我一定支持你，那我们第一步就需要组建团队了。"阿旭的创业热情也被我激发了出来。

"组建团队？我们需要什么类型的人呢？找人是我的强项啊。"我赶紧强调自己的人脉优势。

"电商团队分为直播间团队和短视频团队，短视频团队要有编导、摄像、后期和投手等岗位，直播间团队分为低配版、中配版和高配版。简单来说，低配版包含'主播+运营'，中配版包含'主播+中控+运营'，高配版包含'主播+副播+中控+场控+投手+运营'。人、货、场是直播带货项目最关键的三个要素，其中'人'不仅仅是主播，还包含整个运营团队。"阿旭说得滔滔不绝。

原来电商直播团队需要这么多岗位，不过想想也是，团队战斗总比个人战斗强，我自认为是社交达人，就算自己不够优秀，身边朋友却不乏优秀的，拉他们一起创业，组建个高配版的直播间团队，成功率应该会更高。说干就干，这是年轻人的风格，在我苦口婆心的劝说下，成功将小麦、琳琳、鸿哥等几人拉入了这个创业团队，还制订了表1-1所示的团队分工表，至此直播间运营团队已经初具雏形了。

表1-1 直播间的团队分工

岗位	姓名	专　　业	优　　势
运营	鸿哥	人力资源专业	曾担任学生会主席，团队管理方面是一把好手
主播	洁洁	播音主持专业	性格活泼开朗、能言善辩、伶牙俐齿，天生的主播

(续)

岗位	姓名	专业	优势
副播	阿旭	考古专业	欧美范儿的时尚弄潮儿，性格开朗，逻辑缜密，唯一具有行业经验的"业内精英"
中控	琳琳	统计学专业	数据统计技能炉火纯青、数字敏感性高，算账的一把好手
场控	小麦	工商管理专业	可爱活泼的萌妹子，和琳琳搭档负责数据分析和调度

至于短视频创作团队，我们决定不再另外找人，每人身兼数职，共同分担短视频的创意和制作等任务，反正前期对于短视频的要求不高，还留有练习提高的时间，慢慢学习吧。

7月的最后一天，一个抖音直播带货的创业团队就这样成立了，看着项目微信群大家热火朝天讨论的消息，作为项目发起人的我有一种命运握在手中的成就感，表面镇定自若的我，实则内心激动不已，晚上成功失眠。

三、深度课堂

本期深度课堂的具体知识内容如下所述。

（一）直播间团队由哪些岗位组成？各自职责是什么？

与传统的直播间不同，抖音直播间非常讲究团队配合，从人数和岗位来看，抖音直播间团队相对也要复杂一些。前面也提到了，根据实际情况，抖音直播团队可分为高配版、中配版和低配版，如图1-2所示。高配版直播团队包括主播、副播、中控、场控、投手、运营和短视频团队。中配版直播团队包括主播、副播、

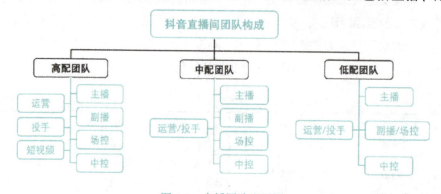

图1-2 直播团队配置图

中控、场控和运营（兼投手）。低配版主播团队包括主播、副播（兼场控）、中控和运营（兼投手）。

那么每个岗位都主要负责哪些职责呢？

1. 运营

运营是抖音直播间的"大脑"。运营岗位的人选首先需要具有统筹全局的组织和管理能力，对外组织协调供应链和招商，对内把控主播、投手等直播间团队的稳定配合。在产品方面，运营应具备选品把关的能力，通过经验和数据分析确定哪些产品可以进入直播间，毕竟产品是决定直播间转化的关键。最后，运营还需要非常"懂"直播间的引流，不仅是短视频引流，更重要的是懂千川投流计划，甚至在低配版团队中，运营本身就兼任千川投手的角色。总而言之，运营是抖音直播团队的"大管家"，也是团队的绝对灵魂人物。

2. 主播

提到直播带货，首先映入大家脑海的一定是主播，带货主播是决定直播间销售转化的关键，尤其是在达人直播间，主播更是直播间转化的核心角色。即便是素人直播间，主播也承担了绝大部分销售转化的重任，其重要性不言而喻。主播首先要具备强大的抗压能力和积极的工作心态，直播间数据波动之下的心态控制能力很关键，抗压能力是基本素养。其次，主播的语言表达能力，包括肢体语言能力要出色，表达的气场能够控场，具有强大的号召力和感染力，能够激发直播间用户的购买欲望。

3. 副播

副播通常作为主播助手配合完成直播，副播同样需要具备良好的表现力和烘托气氛的情绪张力，引导用户停留互动，引导直播间粉丝加入粉丝团。此外，副播需要具有快速的反应能力和直播经验，不仅可以在主播离席时补位，而且能够及时应对"黑粉"以及差评的干扰。最后副播还需要承担帮助主播切换产品、展示产品细节等工作，从而保障直播过程的流畅。

4. 中控

大部分人不了解中控这个岗位具体是做什么的？中控主要的职责是熟悉直播间后台操作，比如上架商品、发评论后抽奖送礼、发放优惠券信息以及配合主播加减库存。除此之外，中控也需要通过喊库存等方式及时回应主播，并对主播关于库存的提问快速做出反应，并且保持声音洪亮，营造销售转化的热烈氛围。

5. 场控

场控是团队中除了运营之外非常重要的角色，这个岗位的综合素质要求非常接近运营。总结来看，场控应具备直播间运营的经验、熟悉平台规则和产品品类、了解行业的变化趋势、主导或参与直播玩法的创新和测试，这就需要场控应当具备一定的数据分析能力，了解直播间打法的底层原理和创新方向。此外，场控是直播过程中的"现场导演"，调动直播间的各个岗位紧密配合，营造有利于销售转化的氛围，确保整个直播过程的流畅。

6. 投手

投手指的是千川付费流量的计划制订者和执行者，通常投手属于直播机构的公共资源，不止服务于一个直播间，当然也有豪华直播间配备专用投手。优秀的投手对于直播间的盈利非常关键，是降低直播间引流成本的重要角色，也是团队成本中的"重头戏"，好的投手非常昂贵，这也是他单独出现在高配团队的原因，中配和低配团队通常由运营兼任投手的角色。

7. 短视频团队

短视频严格意义上来说不是单一岗位，而是以团队的形式出现，包括策划编剧、摄影、后期和投放等不同的岗位角色，通常直播间的高配团队会有专门的短视频团队。短视频团队的职责主要是三个方面：通过产品短视频测试爆品，适用于爆品直播间的打法；通过拍摄主播或垂类产品短视频，打造主播或者直播间人设；通过短视频为直播间导入流量或者进行直播预告。

（二）运营团队中的哪些岗位比较关键？

从直播电商的"上半场"来看，达人主播占据了直播带货的主流，直播间所有的配备都是围绕达人主播而打造的，主播当然是整个团队中最为关键的角色。但2021年下半年开始，直播带货的市场竞争进入了讲究精细化运营的"下半场"时间，"品牌+素人"直播将成为直播间的重要构成，系统化的运营思维和精密的团队配合将成为直播间盈利的关键因素，因此运营成为抖音直播间项目中首当其冲的关键岗位。

如前所述，抖音直播团队中的运营相当于项目"总导演"，其决定了直播间"人、货、场"三要素，直播间垂直类目、供应链及选品、主播选择和人设、直播间的装修、直播间打法及引流策略等，甚至是供应链的选择，这些都是运营需要决定的事项。此外，运营也是整个团队的精神核心，是保持团队凝聚力和战斗力的灵魂人物，总之，运营应具有很好的管理能力或者个人魅力。

接下来最重要的当然是主播人选，如果是达人直播间，通常主播IP就是直播间IP，二者是深度绑定的。达人主播是直播间运营和销售转化的关键，即"人带货"的模式，此时的主播处于绝对的核心地位。但还有一种情况，品牌直播间属于"货带人"模式，尤其是知名品牌的直播间，主播仅相当于销售员的角色，卖货更多依靠的是品牌自身的影响力，此时的主播显然不是核心角色。

此外，决定直播间产出的还有一个关键人物——投手，这可是直播间的"贵人"，即人工成本比较高的人，他决定了直播间是否盈利。前面也提到，投手负责千川计划的制订和实施，对于依靠付费流量的直播间而言，投手决定了购买流量的效率，即用较低的成本为直播间买来优质的流量。什么是优质的流量？即成本"最低"且数据表现良好的流量。这里的数据表现不仅仅是成单数据，也包括停留、互动以及客单价等数据。

（三）根据哪些因素决定团队配备的标准？

前面提到了抖音直播带货团队的"高中低"三种配置，那么从实战的角度来讲，该如何确定适合自己的团队配备规格呢？主要的参考因素是资金预算以及直播间的发展阶段，如图1-3所示。

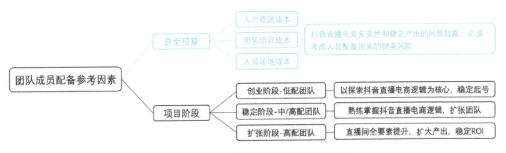

图1-3 直播电商团队配备的参考因素

从资金预算角度，各位创业者必须清楚直播电商创业的风险，在没有深刻理解抖音电商逻辑的前提下，不要盲目配备团队以及支出其他成本，而且团队规模越大则管理的难度也越大，如果团队出现人员波动，将影响项目的稳定性。

此外，直播间的发展阶段也是决定团队配备的重要参考，如果创业者想要低成本起号，那么保持团队低配是最合理的选择，即重点解决运营和主播就可以了，尽量降低项目的起始成本。

随着直播间的持续运营，尤其是"财力"逐渐增强以后，可以考虑增加人手，例如增加场控和中控，达到中配的标准。当直播间到了需要快速扩张规模，即选品和直播间打法成熟的阶段，可以考虑扩张至高配标准，增加投手和短视频团队，以便放大交易数据。

（四）什么情况下需要配备短视频团队？

实际上，抖音作为短视频内容平台，其短视频内容的类型大致可以分为电商短视频与内容（创意）短视频两类，如表1-2所示。

表1-2 电商短视频与内容短视频的区别

类型 差异	电商短视频	内容短视频
核心目的	产品种草和直播预热	账号吸粉
视频类型	产品评测和直播预热	段子、剧情、才艺
创意特点	产品植入是创意核心	"梗"是创意核心
盈利模式	短视频带货或品牌广告植入	点播量及商务合作

电商短视频的价值，可以归纳为以下3个方面。

1）产品"种草"是打造直播间爆品的必要步骤，通过大规模"种草"视频投放，形成产品足够的市场热度，有助于短视频带货或者直播间销售转化。

2）通过短视频带货实现产品销售，将产品购买链接放置在短视频下方，直接实现短视频植入产品的销售。

3）通过短视频所形成的热度（完播率、评论量、转发量和点赞量）来决定开设直播的时机，并为直播间实现预热引流。

总而言之，电商短视频对于直播带货的价值除了强化打造主播人设以外，还涉及短视频产品"种草"以及直播间预热、引流。那么短视频是如何帮助直播间引流的？其底层逻辑如图1-4所示。

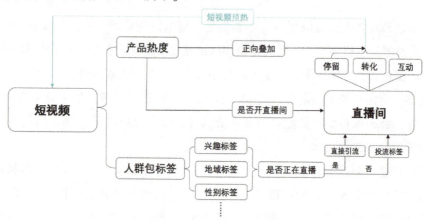

图1-4 短视频与直播间的引流逻辑

从图1-4中我们可以知道,短视频流量和直播间流量是可以相互打通的,短视频是直播间非常重要的流量来源之一。一方面可以通过短视频提升产品的热度,即所谓的爆品测试,短视频数据爆发是开设直播带货的重要契机,同时短视频的热播也会影响直播间停留、转化和互动这三个关键数据。另一方面,通过对短视频播放数据的后台分析,可以形成某个产品的人群包精准标签,包括兴趣标签、地域标签和性别标签等。如果此时正在开通直播,则可以直接引流至直播间;如果没有开播,这些标签有助于精准提升直播间的停留、转化和互动等数据。反之,直播间的数据优化和出色表现,也会促使抖音平台认定短视频为优质内容,进而加大对该短视频的推广力度,让其获得更多的展示量。

总而言之,短视频不仅可以帮助主播或者账号塑造人设,而且对于降低直播间的引流成本,提升抖音平台的流量,扩大直播间的流量池是非常重要的,是优化直播间流量结构的重要手段之一。

Day2 第三方数据分析平台

一、每日任务清单

第三方数据分析平台的具体应用方向如图1-5所示。

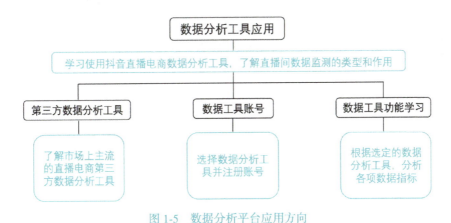

图1-5 数据分析平台应用方向

二、洁洁创业日记:数据分析是团队运营的基础

8月1号,星期一,天气多云。

今天是一个特殊的日子,建军节,也是我们创业团队正式运作的第一天,小伙伴

儿们已经各司其职，开始运作起来了。

"哎呀，又没抢到！真气人！"我把手机扔在一旁，愤愤不平。

"洁洁，你在人家直播间呆了10分钟，就为了这1元钱的红包，结果还没抢到，你说这个直播间到底上多少库存啊。"小麦不禁揶揄我道。

"我怎么知道？"我有点气急败坏。

"要不然我们查查这个直播间的数据？"擅长数据分析的琳琳冷不丁来了这么一句。

"查？从哪查？查什么？"我有点摸不着头脑。

"上次听阿旭说过，可以通过第三方平台查看特定直播间的交易数据。"琳琳"搬"出了团队中唯一具有行业经验的阿旭说过的话，看样子琳琳私下里没少向阿旭"取经"啊。

我二话不说拿起电话，拨给仍未完全辞职的阿旭。果真如琳琳所说，抖音电商直播的确有数据分析平台，除了官方的数据平台，如巨量百应以外，还有其他第三方数据监测平台，如飞瓜数据（以下简称飞瓜）、蝉妈妈、卡思数据、新抖和抖查查等。面对眼花缭乱的第三方数据平台的名字，说实话我有点"迷茫"，之前从未考虑过"数据监测"，简单地以为直播带货就是注册直播间，开播就卖商品，哪里想到其中有如此门道。

"阿旭，你看我们选哪个平台好？"身为天秤座的我，选择困难症开始发作。

"其实这些第三方监测平台都差不多，新手可以都去了解一下。另外多看一些行内人的评测，看哪个平台性价比最高。"阿旭给出了客观的选择指导意见。

经过商讨，最终我们一致选择了性价比相对较高的飞瓜平台。

"这么复杂的数据啊，简直眼花缭乱，我们需要关注哪些数据呢？"作为艺术生出身的我，看到复杂的数据界面，又开始犯难了。

"这个就交给我吧，让我先来深入研究一下众多的直播间，看看先'翻'哪个直播间的牌子。"天生对数据敏感的琳琳早已投入这些数据的海洋之中了。我偷瞄了一眼琳琳打开的飞瓜网页，首页标签还是很全面的，有"实时直播热榜""带货主播榜""抖音商品榜""达人销量榜""博主排行榜""热门视频""品牌对比""小店排行"等标签，根据自己的需求，直接通过鼠标左键单击相应的标签，就可以看到相应的数据分析。

最终，我们决定通过阿旭邀请成熟团队的运营为我们专门讲解直播电商的数据分析，学习如何通过数据认识一个直播间背后的种种底层逻辑，这对于我们直播间接下来的"品类聚焦"和主播人设、选品、运营策略都有直接的参考价值。

有人说兴趣是最好的老师，经过半天的培训，谁曾想刚刚走出校园的我还能有机会再上一次课,而且还是如此的认真和投入,毕竟我肩负着创业团队召集者的责任。同样让我没想到的是抖音直播间背后还有如此"复杂"的算法与流量推荐逻辑,看样子盈利直播间真的是"算出来"的,碰运气的心态要不得,还是需要脚踏实地,一步一个脚印地干出来才行。

三、深度课堂

本期深度课堂的具体知识内容如下所述。

（一）第三方数据监测平台有价值吗？

如创业日记中所述,市场上存在的第三方数据分析平台令人眼花缭乱,其核心功能大同小异,基本原理都是通过程序接口对接直播电商官方平台,实时抓取直播间的交易数据,并按照平台各自的特色将数据进行分类,帮助供应链或品牌方以及直播机构综合了解不同直播间、直播达人以及不同品类商品的交易数据。下面以飞瓜数据为例,分析其主要的功能模块。

1. 数据榜单

飞瓜的数据榜单包括三个内容：基础数据、粉丝画像数据和账号标签信息,如图1-6所示。飞瓜的基础数据主要包括粉丝量、点赞量、评论量等,这些数据反映了账号的基本信息,有助于我们了解不同账号的基本情况；粉丝画像数据主要包括性别比例、年龄分布、地域分布等,这些数据有助于我们做对标分析的时候筛选对标账号。起到类似作用的还有账号标签信息,由于这些信息比较直观,此处就不详细解读了。

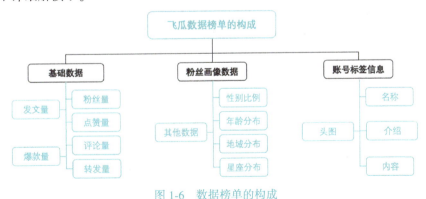

图1-6　数据榜单的构成

2. 账号类比

飞瓜数据的账号类比数据包括数据总量、行业名次、粉丝性别比例、评论热词以及购物车是否开通等部分,如图 1-7 所示。其中,数据总量部分属于核心数据,具体包括粉丝总量、点赞总量、发文总量、商品视频发布总数、商品平均评论数以及已推广的品牌数据等。

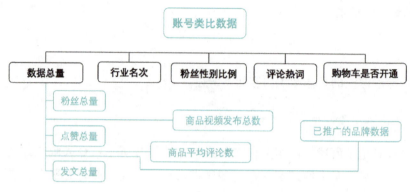

图 1-7　飞瓜账号类比数据

我们可以对其中的某些数据指标进行简单解读,例如可以通过发文总量这个指标为基准和自己账号进行纵向比较,对账号内容运营的数据优化提供参考。

粉丝性别比和评论热词两个指标是一个引导性的指标,通过这两个指标我们可以分析这个行业的内容热点趋势,提升主播或者直播间内容创作的成功率。

商品视频发布数、商品平均评论数和已经推广的品牌数据有助于我们客观地评价账号现阶段的变现能力。

3. 飞瓜达人销量榜

飞瓜达人销售榜是飞瓜数据非常重要的数据榜单,该榜单汇集了各个领域的头部账号,如图 1-8 所示。其中,上榜次数和粉丝量级可以看成是达人之间的排名,播主的品类这个标签则是方便了我们快速定位到同行优质账号,方便学习和借鉴。

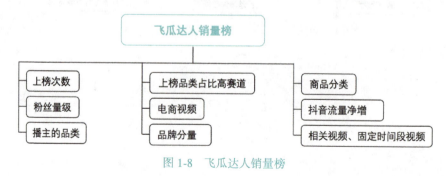

图 1-8　飞瓜达人销量榜

对上榜品类占比高赛道的分析是对当下热度的归纳，这对我们选择聚焦哪类商品类别有很好的参考价值。之后的几类数据表明了带货达人的变现能力，这些数据有助于我们对该达人账号进行综合评估，如果是供应链或品牌方，可以通过这些数据选择合适的达人带货。

"相关视频、固定时间段视频"可以帮助我们了解不同达人的视频或者直播在不同时段的数据表现，进而更加精准地发现适合这个达人或者品类的开播时段。

4. 热门系列数据

热门系列数据包括热门视频、热门素材、热门话题和热门评论，这些数据对于我们的创作可以提供很好的索引和素材，例如通过热门素材可以找到当前最为热门的视频，可以对视频进行30多个领域的垂直分类，方便不同垂直领域的查找，同时我们还能根据时间范围和用户画像进行分类，实现精细化搜索，获得播放量、点赞量、评论量、新增粉丝量在内的各项数据。简而言之，通过这个功能能轻易地找到同类优质视频，从而进行模仿学习。

5. 实时反馈

飞瓜数据中有一项非常重要的功能——实时反馈，这个功能以秒为间隔，不间断搜集抖音的平台数据，并且分门别类地整理数据，提供基础的分析，是我们运用飞瓜数据的重磅功能之一，如图1-9所示。

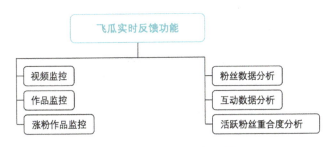

图1-9 飞瓜实时反馈功能

（1）视频监控

视频监控提供了基本数据的监控，可以针对单个视频呈现更加精确的数据，也可以为每一个数据设置一个目标值，只要相关数据达到了目标值，飞瓜就会用短信的形式提醒用户，同时视频监控还能提供粉丝数据监控和关联商品监控，帮助我们了解转化和变现的效率。

（2）作品监控

此功能收录了抖音账号整体的基础数据信息，且这个监控最大的特点是可以反馈24小时内基础数据的增量情况，这就能够很直观地反映出近期作品的效益，并且还提供对视频详情的查询功能，绘制账号的观众画像并对商品销售情况进行分析。

（3）涨粉作品监控

涨粉作品监控的功能比较聚焦，它用表格的形式呈现了每个作品涨粉的数据，不单单记录了作品发布的时间，还记录了每日的点赞量，这样我们就能够知道哪些作品能产生持续的热度，哪些作品只是短暂吸引人的眼球。

（4）粉丝数据分析

粉丝数据分析以周或日为单位绘制了粉丝的走势图，结合涨粉数据分析就可以更清晰地判断出怎样构建转化机制能够有助于涨粉。

（5）互动数据分析

互动数据分析能够显示90天内任意时段账号的评论增量和总量的变化值，同时还能够汇总评论信息，分析粉丝的舆论特征，帮助我们把握评论区风向。

（6）活跃粉丝重合度分析

如果要做商品转化，同类型的播主的重合度越高越好，这说明我们找到了符合目标的精准流量。如果要做直播间的选品，那么计划中目标客户特征和其他商品的用户重合度越低越好，便于我们找到相对蓝海的领域，竞争相对不激烈，内卷相对不严重。

（二）直播间关键数据指标有哪些？

通过以上对于第三方数据分析平台的介绍，我们应该明白一个基本原理，当前的抖音直播间比拼的是数据运营能力，直播间的核心数据指标决定了抖音系统算法的流量分配，优质直播间必然会获得算法更加优质的流量导入。图1-10展示了直播间的关键数据指标。

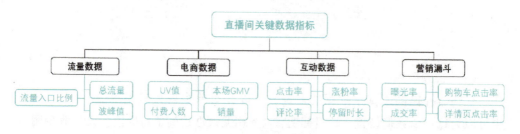

图1-10　直播间关键数据指标

1. 流量数据

流量数据有如下三个评价维度。

（1）总流量

这个数据指的是直播间的总场观人数,即下播之后进行复盘时,我们需要看一共有多少人进入直播间,这代表了直播间"受欢迎"的程度,也是直播间实现其他转化目标的基础。

(2)波峰值

这个数据代表了不同时段的直播间人流量的波动情况,一场直播的最高在线人数就是波峰值,这是评价直播间GMV的重要参考指标,也是优化开播时段的直接参考,例如直播间十点钟的波峰值很高,除了主播和直播间货品因素之外,有可能十点的时段聚集了精准的流量,可作为今后开播的时段参考。

(3)流量入口比例

这个数据反映的是直播用户的来源,例如付费流量、自然流量、短视频或者其他,这反映了一个直播间的流量健康度。通常而言,一个健康的直播间,付费流量不能占太高,最好控制在30%以内。

2. 电商数据

电商数据反映了直播间的销售转化情况,也是抖音系统算法评价直播间的最核心指标,具体包括如下内容。

(1)本场GMV

本场GMV即为本场销售额。这是衡量一个直播间账号或者达人商业价值的首要指标,GMV分为单场和总量,单场反映的是特定场次产生的GMV,总量代表了一个直播间或达人历史累计的GMV总量,反映了账号的总体商业价值。

(2)销量

销量指的是每个产品各自的销量,根据这些数据可以判断哪些产品比较好卖,这给选品优化提供了参考。

(3)UV值

UV值指的是单个人进入到直播间的价值是多少。计算方法是UV价值=转化率×客单价,UV价值高说明直播间的用户购买能力比较强。

(4)付费人数

付费人数指的是多少人在直播间刷过音浪(打赏)或者产生过购买行为,很显然,这个数据越高越好。

3. 互动数据

直播间的互动代表了直播间的活跃度和内容的优质程度,而且互动是构成销售转化的基础,因此抖音系统算法对于互动数据非常重视。互动数据包括如下内容。

(1)点赞率

点赞率反映了直播间粉丝对于直播间，尤其是主播的认同度，需要主播的话术引导。

（2）评论率

评论率是观众产生评论互动的数据情况，互动反映了直播间的活跃度。

（3）停留时长

停留时长指的是观众进入直播间并停留的时长。停留时长与直播间的场景、主播话术或者货盘都有关系，而且抖音系统算法也会考核直播间的停留时长数据，作为判定直播间是否优质的参考因素之一。

（4）涨粉率

涨粉率是发布当天涨粉数加第二天涨粉数与播放量的比例。

4. 营销漏斗

营销漏斗反映的是与直播间成交有关的如下 4 个数据，这 4 个数据如果表现良好，意味着直播间的销售转化比较优质。

（1）曝光率

曝光率即人次，也就是有多少人看过你的直播间，但并不计算停留时长。

（2）购物车点击率

投放千川（即巨量千川，一种综合的营销推广方式）的时候，系统会告诉我们投放完毕，产生了多少购物车点击率。如果直播间或者视频的购物车点击率比较低，就需要反思直播间选品、主播话术、账号/产品主图、品价格是否出现了问题。

（3）详情页点击率

如果购物车点击率高但是详情页点击率不高，就要反思产品详情页和商品评价是否有问题。

（4）成交率

成交率即成交人数占比。如果前面的曝光率、购物车点击率和详情页点击率都没问题，但成交率过低，就需要反推主播话术等方面是否需要改进了。

（三）直播电商运营都是"计算"出来的

相信很多人都像洁洁团队一样，把直播带货想象得过于简单了，认为有了好的产品，加上主播就可以开卖，进而实现盈利了。实际上，追求精细化运营的直播电商"下半场"，我们不仅需要团队的强大执行力，更需要动脑子，根据数据分析的结果，在充分理解平台流量分发逻辑的基础上，完成直播间组合要素的调整，不断创新直播间的打法组合，才能实现直播间的盈利。简单来看，关于直播带货的计算部分包括如下3个方面。

1. 选品的计算

对于很多不成熟的带货团队而言，选品很多时候依靠的是"感觉"，但日益竞争激烈的平台环境下，仅依靠"感觉"选品有点类似于撞大运，我们必须在对某个垂直类目的数据分析基础上确定直播间的选品，至于如何通过计算进行数据选品，在后面的内容中会有详细展开。

2. 话术的计算

话术的计算依托的是主播以及直播脚本，如何评价一个主播或者直播脚本是否胜任，核心仍旧是数据的计算，具体就是销售转化率。实践中通常会准备不同的直播话术分别进行测试，看哪种话术的销售转化效果最好，当然话术还需要主播的个人发挥，这也是评价主播是否胜任这一产品的环节。

3. 引流的计算

引流是直播间运营的重头戏，直接关乎直播间的运营成本，无论是运作自然流量，还是付费流量，都需要建立在精确引流的基础上，引流的计算是直播间运营的核心。

总之，一个直播间如果要实现规模以上的盈利，并且保持这种稳定的盈利状态，运营团队就是在和抖音系统算法"斗智斗勇"，不断通过计算获得最佳的直播间运营打法，因此数据计算才是直播电商"下半场"竞争的底层逻辑。

Day3　供应链及选品

一、每日任务清单

供应链及选品涉及的内容如图1-11所示。

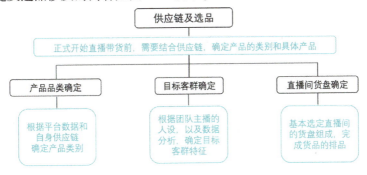

图1-11　供应链及选品详情

二、洁洁创业日记：选品是直播间运营的第一步

8月2号，星期二，天气晴。

正如今天的天气一样，我们的创业团队经历了昨天的学习，每一个人都感觉充满了斗志，大家都想要在实践中检验学习的成果。果然是年轻人的团队，创业的激情很容易就被激发起来了。

在了解了抖音直播带货的基本原理之后，接下来的问题是我们的直播间打算卖什么？

"服装吧，毛利高，货源足，我原来所在的公司就是卖服装的。"已经正式从原来公司辞职，全职加入的阿旭首先发言。

"我支持美妆。"向来活泼的小麦也争着发表观点。

"卖美食，卖美食！"一向爱吃的我表示不服。

"别争了，大家还是看数据吧。"擅长数据分析的琳琳说道。自从有了飞瓜账号之后，她就整天在该平台上研究数据。

于是我们在飞瓜平台上，将服饰、美妆、食品、家居、配饰这五大品类进行了对比，发现在最近的一个月里，销售额最高的是服饰内衣，其次是美妆，而且美妆还呈现一个上升趋势，况且国内美妆产品供应链资源相对好找，因此我们团队经过三个小时的争论后，选择美妆作为直播间的垂类商品。

大牌美妆，或者白牌美妆，这是接下来创业团队需要纠结的问题。"SK-Ⅱ、迪奥、香奈儿、雅诗兰黛……这些就别想了，虽然我知道各位都很想带这些品牌的产品。"阿旭淡定地终结了大家的热烈讨论。"作为新手创业者，这些大牌凭什么选择和我们合作？打铁尚需自身硬，还是想点现实的选择吧。"

"大牌对带货团队选择很严格，我们这样的新手，还是看数据选择适合我们的产品吧。"冷场之际，数据琳（琳琳以后多了一个绰号，数据琳）开始发声。

"大家看，这些销量不错的美妆品牌完全没有听说过，这就是阿旭说的白牌吧？"数据琳打开飞瓜平台，单击"抖音商品榜"标签，依次选择"月榜"→"美妆"→"直播带货为主"选项，随即商品销售量从高到低的排序就显示出来了。

"既然这些卖得好，必然有内在的原因，从风险管控的角度，白牌美妆也许是我们最合适的选择。"阿旭冷静地分析道。

"可是这些货……我们从哪里找呢？"我适时地发出了"灵魂拷问"。

"抖音平台有个精选联盟，我们可以线上分销。"数据琳名不虚传，论起钻研平台来，绝对是一把好手。

接下来，我们从精选联盟上查到商品的生产企业，接着通过网上搜索与企业取得，

开始了我们初步选品的过程。

"看不到实物,质量怎样?质地怎样?好不好用?卖点是什么?售后怎么办?"当我们忙乎了半天之后,阿旭抛出了这些问题。毕竟我们对于美妆更多是终端用户,谈不上了解,面对如此繁杂的产品概念和种类,一时之间也是挑花了眼。

"要不然,明天我们自己跑市场吧,本地(广州)的化妆品批发市场本来就很多,我们自己过去找货,不仅能看到实物,还能真实体验护肤品的质地,并且还可以直接跟工厂沟通,即使出什么问题,还能找到对方。"团队中唯一的男生鸿哥难得发表一次观点。

"有道理,起码我们建立对这个行业的基本概念也好,没准儿能够发现一些爆品呢?"听到逛街的我,瞬间来了兴致。于是,大家决定明天组团去美妆批发市场实地走访,建立对白牌美妆行业的基本认知。

选品是直播间成功运营的关键,对于我们这群创业小白而言,供应链和选品更是我们的薄弱环节,不能不慎重对待,因此在这个环节花费一些时间也是必要的,正所谓磨刀不误砍柴工。期待明天的市场走访,希望一切顺利吧。

三、深度课堂

本期深度课堂的具体知识内容如下。

(一)什么是品类? 如何确定卖什么品类?

品类就是产品的类别,例如服装、美妆、家电、珠宝等,这些都是产品品类的概念,每一个品类包含了很多产品,直播间选择品类类似于锁定赛道,这样有利于打造直播间的类目标签,有利于在抖音系统算法中打模型和建标签,降低直播间的起号难度。

那我们如何才能选对品类呢?主要通过市场调查、数据分析和自身分析三个方面的综合评估,如图1-12所示。

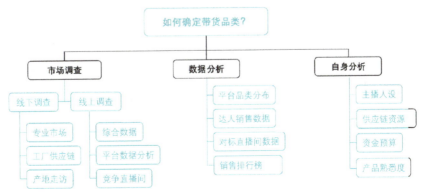

图1-12 确定直播间带货品类

1. 市场调查

市场调查包括线下调查和线上调查两部分。

线下调查主要是走访专业市场,建立对于目标品类市场的基本感觉;或者考察工厂供应链,如果有这方面的资源,可以深入供应链考察产品;此外还可以进行产地走访,这种情况通常适用于三农产品,或者其他具有产地优势的产品品类。

线上调查主要是通过网络搜索获得的综合数据,这些数据搜索的前提是我们要有目标品类,尽量缩小网络搜索的范围,也可以通过第三方数据监测平台或者官方数据进行分析,这个部分我们放在后面展开论述。

2. 数据分析

实际上,直播间锁定垂类目标或者选品最靠谱的方式还是数据分析,用理性和客观的数据降低选品的风险。通常我们借助第三方数据工具平台,或者抖音官方数据平台,通过以下4个维度进行数据分析:平台品类分布、达人销售数据、对标直播间数据和销售排行榜等。

当然我们也可以通过关注的达人、头部主播、带货明星等获得选品的数据参考。比如你喜欢吃零食,经常在这个账号直播间下单,同时也刷到过其他做零食的类似直播间,销量也都还不错,此时就可以把零食这个品类记录为个人感兴趣品类。

当然以上是选品数据的基础分析,更详细的分析还包括不同产品的销售转化率,过低的销售转化率的选择风险比较高。此外,过于热门的品类也要慎重选择,有可能竞争过于激烈,不适用于新手团队操作。

3. 自身分析

市场走访和数据分析之后,要想真正确定自己的直播间带什么货品,还需要结合自身情况进行分析,不可盲目跟随,因为直播电商真正的竞争力就是供应链的竞争。自身分析包括如下几个方面。

(1) 主播人设

主播基本上是直播间形成销售转化的核心,主播对于某个产品品类感兴趣,才是选择这个品类的最大动力,否则主播发挥不出来,再好的产品也是枉然。

(2) 供应链资源

直播带货的团队如果拥有供应链,是对选品最大的助力帮助,毕竟能够有一定掌控力的供应链是稀缺资源。

(3) 资金预算

资金预算的影响主要在于压货或样品,尤其是高价值的产品,必然耗费较多的资金预算,这在选品的时候也需要考虑。

(4)产品熟悉度

产品熟悉度主要涉及团队的选品人员,尤其是主播对于某类产品相关知识的掌握程度,不熟悉的产品,缺乏必要的产品知识了解,则无法发挥产品应有的转化效率。

(二)抖音精选联盟有什么优劣势?

抖音精选联盟服务两类人群:一类人群是商家,这些商家具备产品资源的优势,通过入驻抖音精选联盟,以佣金结算的方式获得带货主播的分销渠道;另一类人群是新手主播,缺乏供应链资源,通过精选联盟中选择合适的产品进行销售,按照CPS的模式与商家进行结算。表1-3所示为精选联盟和自建供应链的优劣势分析。

表1-3 精选联盟与自建供应链的优劣势分析

对比维度	精选联盟	自建供应链
产品获取难度	相对容易	需要产品供应链资源
选品难度	参考交易数据比较低	数据分析量较大
价格优势	不明显,自由度较低	自由度较大,灵活谈判
收益优势	固定抽佣,自由度低	灵活谈判,自由度大
产品独特性	不具备	有可能具备
售后服务	商家负责,简单省心	需要承担,售后压力

总结来看,作为直播带货的新手,精选联盟是一个容易起步的选择,尤其是精选联盟中某些销量比较好的产品,经过了其他带货主播的验证,产品本身不存在问题,主要考验的是主播以及背后运营团队的能力。但是在尽可能的情况下,我们还是建议新团队立足自身通过走访市场、数据分析,结合自身具备的货品资源自建供应链,以便获得产品独特性和抽佣比例的灵活空间。

(三)如何进行数据选品?

对于抖音电商直播而言,选品是非常重要的因素——选品不对,辛苦白费。总体而言,能够进入直播间的产品必须满足如下3个原则。

(1)产品具有足够的热度

新手团队不要轻易尝试冷门产品,热度产品有足够的用户关注度,容易提升直播间的转化率。

(2)产品具备足够的利润空间

尤其是货盘中的利润款产品,足够的利润空间对 ROI(Return On Investment,投资回报率)的要求较低,容易实现项目的盈亏平衡。

(3)产品的退货率

直播间带货属于冲动消费,产品退货率是选品的评判指标,带货佣金的计算基础是扣除退货率之后的最终成交额。直播电商的退货率在30%左右,甚至某些品类的退货率在50%以上,例如服装等品类。

数据选品所涉及的各项指标如图1-13所示。

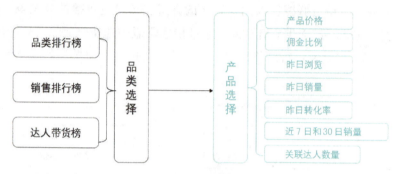

图1-13 数据选品

首先是品类选择,我们可以通过第三方数据监测平台,如前面提到的飞瓜数据,清晰地看到不同产品品类的销售排行,对于新手而言这些数据可以提供宏观的品类选择依据。

选择热门还是冷门品类,这是一个平衡问题,热门品类相对容易达成销售,但必然面临更加激烈的竞争;冷门品类的竞争较少,但成交规模以及平台适合的用户规模同样有限。因此热门品类或冷门品类都是相对而言,最主要是团队拥有怎样的供应链资源优势,不能完全凭借数据来进行决策。

此外,抖音达人带货榜也是进行品类数据分析的途径,通常达人的选品过程是比较成熟的,对于爆品或者畅销品的判断可以作为一般直播带货团队的参考线索。

确定了基本的品类,相当于选择了竞争的赛道,接下来就是具体的产品选择,方法有两种:一种方式是通过抖音的精选联盟,相关数据包括产品价格、佣金比例、昨日浏览、昨日销量、昨日转化率、近7日和近30天销量以及关联达人的数量;另一种方式是自己寻找货源,通过抖音搜索同类产品,进行数据的搜集和分析,将搜索到产品的关键数据用表格的形式罗列出来,如图1-14所示。

第一章（Day1~Day7） 直播间的筹备阶段

产品名称	成本价(不含运费/元)	转化率			浏览量			销售量(近30天)	销售额/元	佣金率
		7天	15天	30天	7天	15天	30天			
欧佩紫米玻色因补水六件套	20.13	15.04%	9.79%	8.80%	1.4万	8098	2865	3.6万	89.00	46.00%
赋活肌密修护眼霜20g	3.5	54.94%	37.70%	24.95%	830	1665	7839	2339	9.90	1%
蜜桃酵母菌润面膜	2.1	0	0.00%	15.70%	0	0	2445	421	1.00	1%
舒服达白牙素美白牙膏	1.1	100%	100.00%	100%	2043	2043	2043	3960	1.88	0
泊泉雅二裂酵母奢润精华眼霜	1	64.64%	47.67%	55.13%	2073	5404	4673	2544	0.88	1%
377熬夜修护眼膜	5.8	0%	57.91%	50.96%	0	392	885	1404	69.90	0%
娇贝诗ling芝仕颜抚纹龙血膏	7.3	57.92%	57.92%	57.92%	404	404	404	415	9.90	1%
蜂胶蓝铜肽冻干粉洁面乳A	4.3	59.05%	52.81%%	50.02%	3082	5984	1.2万	8269	8.88	1%
菲约氨基酸多效洗护套盒	7.9	14.64%	12.56%	12.56%	7525	9080	9080	1892	9.90	1%
艾草卫生巾（夜用）	2.5	0%	18.94%	9.19%	0	2387	2.8万	3171	1.00	0.00%
凡士林滋养润唇膏20g	3	9.09%	4.22%	3.83%	55	166	287	4.2w	29.50	40%
轻透瓷肌三色气垫	11.5	64%	56.60%	56.04%	1664	2212	2234	1554	168.00	1%
巴塑姿花菁萃修护十件套	33.6	0.00%	0.00%	19.21%	0	0	583	80	99.00	1%
捷丽葆酵素香薰洗衣露2kg 持久留香	8.6	0.00%	0.00%	27.88%	0	0	452	381	9.90	0%

图 1-14　产品销售数据统计表（实例）

综上所述，数据选品分析过程中涉及如下关键数据指标。

1. 销售量

通常是最近 7 天或 30 天销售量，这一数据代表着该类型产品销售规模，直接反映了该产品市场热度以及受欢迎程度，选择此类产品容易达成一定规模的销售。

2. 浏览量

浏览量与销售量存在明显的正相关，通常销售量大的产品，浏览量也会比较大，这预示着该类型产品有可能成为爆品，达到一定规模的销售。但浏览量大的产品，并不一定销售量大，如果该产品的转化率不高，销售上规模也很困难。

3. 转化率

转化率决定了产品的浏览量是否可以转化为销售量，我们在选品的时候，转化率的指标甚至比销售量、浏览量更加重要，更能反映出产品是否有通过直播间进行销售的潜力。

4. 佣金率

佣金率从带货收益的角度反映选品的价值，我们肯定愿意选择佣金率比较高的产品进行销售，这是直播电商盈利的本能，但现实中必须要取得一个平衡，容易销售的产品的佣金率必然不是最好的，除非是选品团队开发的独有爆品资源。

5. 关联达人数

关联达人的数量越多，意味着这个产品越有可能是爆品，当然直播间之间的竞争也越激烈；反之，关联达人数量少，意味着该产品当前属于"冷门"产品，销售潜力欠佳。

需要强调的是，以上数据选品的思路是为直播间选择"利润款"，承担着直播间利润产出的重任，而"利润款"仅仅是直播间的货盘构成的一部分，其他还包括引流款、福利款或承接款等，这些我们会在后面的深度课堂中展开分析。

Day4　供应链线下选品

一、每日任务清单

供应链线下选品涉及内容如图 1-15 所示。

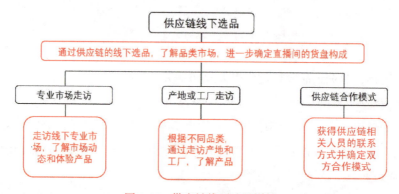

图 1-15　供应链线下选品详情

二、洁洁创业日记：供应链是直播间的核心竞争力

8 月 3 号，星期三，天气晴。

我们团队来到了广州兴发市场，一个专业的化妆品批发市场。希望通过线下市场走访，建立对于美妆产品的基础行业概念。

"哇，好多产品啊，看着就心情大好！"活泼的小麦首次走访市场，情绪有些激动。

"这眼影配色好全啊！口红颜色也太好看了吧！腮红包装好好看啊！还有这个修容也太自然了吧！"我同样兴奋地附和着，就像刘姥姥进大观园。

"老板，这个拿货多少钱？"阿旭手拿一个包装看似高大上的眼影盘，老成持重地问道。其实阿旭的冷静是我们事先商量好的，必须有个老成持重的人假装懂行，否则我们不仅问不出任何有价值的信息，搞不好还会被嘲笑。

"6 元！"老板的回答斩钉截铁。

"不会吧，这么便宜？"刹那间，我们团队的每个人心里都一惊，这么便宜的价格着实出乎我们的意料。

"老板，你们支持一件代发吗？"关键时刻，能够保持冷静的也就是鸿哥了。

"可以，一个产品另加3元邮费，你们把订单的清单发给我，我们这边直接帮你打包发货。不过，最好一个拍单链接有多个产品，这样我们可以多产品一起打包发货，不仅比单独产品单独发货更方便，而且还能省邮费。"老板一看就经常和电商打交道，对于我们的问题回答得无比娴熟。

"那我们需要囤货吗？"作为项目发起者的我最关心的资金周转问题，如果需要压货，我们的资金压力就非常大了。

"不需要的。"老板真是善解人意。

"老板，我们先加个微信！"我有点把持不住了，恨不得赶紧确定合作关系，选定我们心仪的产品。但一贯冷静的阿旭突然将我们几个叫出了门外："别心动！我们多找几家，对比一下价格，最后再衡量一下，一定要货比三家。"

"大家发现没有，这里每一家卖的产品都是不同牌子和包装的，而且产品定位也不一样，就算产品概念和功效是相同的，也基本上没有真正意义的同款。"在走访了大半天之后，善于观察和思考的阿旭发现了非同寻常的地方。

"这就是白牌吧，品牌本身不重要，关键是产品本身，品牌就是个商标，反正都不知名，符合国家的相关规范就可以了。"鸿哥看样子提前做了功课，他比较感兴趣供应链的管理，思考问题的深度就是跟我们不一样。

就这样，小伙伴们先后逛了多家同品类的彩妆、护肤以及阿旭最感兴趣的香水商铺。整体的感受就是，美妆类的线下批发市场就相当于抖音的精选联盟，只不过是线下的精选联盟。通过走访市场，填补了小伙伴们的知识盲区，建立了我们对于美妆产品的深度了解，同时也感受和了解上爆品趋势，对于最终确定选品方案建立了基础。

"怎么办？我们还没确定最终的供应链和选品，后续开抖音号挂小黄车还需要经营许可证，时间不等人啊。"逛了一天专业市场的我们坐在餐厅，边吃边开着会。

"要不这样吧，从快速启动项目的角度，我朋友在一家直播公司工作，我们直接从那家公司拿货，背靠他们公司的供应链，这样就解决了选品以及经营许可证的问题。"鸿哥终于发挥了他学生会主席人脉资源广的优势。

此话一出，立刻赢得团队所有人的支持，这也许是当前最快速跨过供应链和选品环节的方法，毕竟是初创团队，背靠成熟供应链和选品是最稳妥的解决方案。不过这两天的线上和线下选品并没有白费，通过数据分析和线下走访让整个团队完成了一次产品学习，大家对于美妆及其周边产品的感觉和概念更加清晰了，这非常有助于接下来的真正选品以及直播脚本的撰写。

三、深度课堂

本期深度课堂的具体知识内容如下所述。

（一）线下选品环节是必需的吗？ 线下选品有什么价值？

线下选品并不是必需的，只是有条件的话，直播间运营团队中负责选品的人员，以及主播可以实地走访，进一步明确产品的特点和优势。对于某些专业带货机构，通常会有选品中心，接受供应链提供的产品以供评测和选择，这种情况下选品团队组织线下走访的机会不多，大部分都是通过数据分析和产品使用体验就决定了。

既然如此，线下选品有什么价值呢？

（1）熟悉和了解市场

选品并不是选择产品本身，如果直播间运营团队的核心人员对行业不熟悉，可以通过线下选品的机会走访专业市场，跟一线渠道沟通，增强团队成员对于该品类市场的感性认知，尤其是决定主打某个垂类市场时，更加需要增强宏观层面对于行业的理解。

（2）获取一线市场信息

线下渠道虽然属于传统渠道，但某个品类的专业市场，或者产品原产地聚集了大量的行业从业者，包括供应链、经销商以及消费者，这些渠道对于终端消费者的需求比较清晰，同时可以敏锐感知市场竞争热点、创新产品概念。

（3）增强对产品的体验

线下选品可以让团队加强对产品及同类产品的体验感知，增强对竞争品牌和产品的了解。

（4）获得供应链的信息

通过走访专业市场，可以接触大量的供应链信息，如工厂或品牌方，第一时间获得供应链的联系信息，有助于后续供应链的开发。

（二）线下选品过程中，从哪些方面评估产品？

在进行线下市场走访和选品的时候，通常划分了三个方面的指标对供应链和产品进行评估，如图1-16所示。

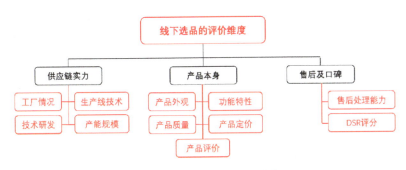

图1-16 线下选品的评价维度

1. 供应链实力

供应链实力的考察涉及工厂的概况、生产线的技术先进性、技术研发能力和产能规模，这些指标基本能够反映出某个供应链资源的实力。

2. 产品本身

从外观包装、产品质地、使用感以及性价比等方面对产品进行判断和对比。此外，在进行市场调研的时候也可以跨品类调研，这些产品可以作为引流款或者福利款。

3. 售后及口碑

评估供应链的售后处理能力以及DSR（Detail Seller Rating，卖家服务评级系统）评分，后者主要针对的是供应链拥有线上店铺的情况，店铺分数在4.4分以下的，就需要慎重考虑合作。

此外，还可以根据当季市场需求特点，以及明星或达人带货的信息，获得线下选品的供应链以及产品信息，比如做百货品类，秋冬季节时保温壶、热水袋相对有可能会热销；优先考虑热点产品，比如最近大主播或明星刚刚带火的产品，也是我们评估选品的参考依据。

（三）什么是白牌产品？白牌产品具有什么优势？

之前有"抖音抢大牌，快手靠白牌"的说法，但其实在抖音平台上，卖白牌产品也成为很多直播间的选择。什么是白牌产品呢？白牌产品不等于"三无"产品，"三无"产品是指无生产日期、无质量合格证、无生产厂家的产品，这样的产品来路不明，也无法通过抖音对于商品资质的审核认证。

白牌产品是指厂家各类资质证明齐全的产品，只不过品牌名气不大，品牌方也没有进行品牌推广和宣传，因此白牌在用户层面几乎无人知晓。很多白牌厂家的产品质量是非常不错的,甚至不比一线知名品牌的产品质量差。例如,一些大牌产品的代工厂也会生产相应的白牌产品,它们生产水平足够,质量管控也到位,但是品牌营销水平弱,并不擅长品牌的塑造与推广。

白牌产品的优势在于其以产品性价比为核心竞争力,毕竟没有很好的品牌背书和宣传,因此产品本身的性价比是核心卖点,一旦直播间主播直戳产品痛点,重点输出其价值感,并通过一定的话术与粉丝之间建立了信任感,作为消费者粉丝就很容易买单。

(四)如何获得供应链的联系方式?

对于初创团队而言,最关心的是如何获得供应链的合作资源,图 1-17 所示为行业内较为常见的供应链合作方式。

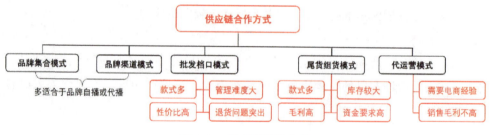

图 1-17 供应链合作方式

- 品牌集合模式和品牌渠道模式比较适合品牌自播或者代播,即具有一定直播电商经验的团队。
- 批发档口模式主要通过专业批发市场,该供应链合作优势在于款式更新比较快,款式种类多样,性价比高,价格相对比较适中,有助于主播成长,无论是涨粉还是成交都是目前主播们比较喜欢的;缺点是档口数量较多,管理难度较大,目前还没有形成特色的、专业的直播供应链。此外批发档口更新比较快,档口一般不会承担退货,对于服装这种高退货率的直播类目无法接受。
- 尾货组货模式的优点是大量尾货,性价比高,可以为主播提供低价秒杀的产品资源,有利于直播间的涨粉,也是目前常见的供应链模式之一;缺点是货品较为陈旧,库存量比较大,单个 SKU(最小存货单位)数量不多,卖完就没有了,货品的稳定供应是最大的问题。
- 代运营模式主要适合有电商基础的机构来做,一边帮助供应链商家解决直播带货的问题,一边邀约主播进行直播,代运营公司获得提成或服务费的模式。

（五）初创团队和供应链合作时需要注意哪些问题？

初创团队因为缺乏与供应链合作的经验，容易在产品库存、发货和售后等方面遇到问题，具体需要注意的问题如下。

1. 采销或代销的模式选择

在无法保证销量的情况下，用采销的模式，即先付给供应链货款（通常是一定比例的货款）少量进货，好处在于发货节奏容易控制，缺点是资金压力和销售压力比较大；代销模式通常是指具有成熟销售经验之后，供应链可以采用代销模式，即时结算订单，直播团队输出订单给厂家，由厂家负责发货。此模式缺点是无法掌控发货的进度，好处在于库存压力较小。

2. 发货及售后的问题

与供应链可以谈到售后全包，将售后的压力转移给供应链，缺点是售后的质量无法保障，有可能影响服务口碑。当然我们可以组建售后团队，将售后放在自己手里，这样容易把控质量，缺点是增加了团队运营的成本，尤其是销售规模较大的情况下，需要配备的售后团队人员较多。

3. 利润空间或抽佣比例

根据进货模式的不同，采销通常是底价进货，此时应考虑的是进货折扣，由直播团队和厂家共同控价。如果是代销模式，需要考虑的是销售抽佣比例问题，通常是20%～30%。如果产品是知名品牌，抽佣比例估计在15%以下，甚至不到10%。

最后总结一下，在与供应链合作的过程中，维持双方合作关系的关键是利益共享，共同获取市场的销量和利润，而不是"割韭菜式"的合作方式，直播电商在发展的早期，带货机构压榨供应链商家的情况比较普遍，导致厂家卖多亏多，甚至倒闭，这种合作模式不利于直播电商行业的长远发展。

Day5 账号注册及装修

一、每日任务清单

账号注册及装修的全流程如图1-18所示。

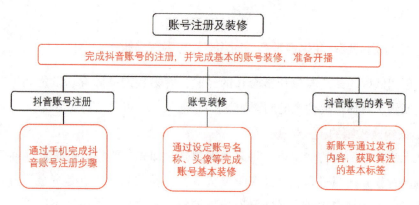

图1-18　账号注册及装修全流程

二、洁洁创业日记：账号人设是起号的基础

8月4号，星期四，天气雷阵雨。

通过走访美妆专业市场以及观测数据监测平台的商品销售数据，稳妥起见，我们最终决定背靠嘉美洛有限公司，共享它们的供应链资源，恰好这家公司也是主打美妆垂类的直播带货机构，这样我们团队就比较顺利地跨过了供应链选择的步骤。

"各位小伙伴，今天是第五天了，我们务必完成抖音账号的注册，不过要记住用5G手机卡注册，不要买网络卡。此外你们在注册账号的时候，自然设置环节全部跳过，之后用这个账号刷美妆类的短视频，关注一些美妆类的带货主播，去她们的直播间看看，注意要留言互动一下。"阿旭俨然一位专业导师一样说道。

"还好我有两个手机号，还能用小号新申请一个抖音号。"对于注册账号这件事，幸亏我早有准备。

"不要在同一手机频繁切换多个账号，最好1机1卡1账号。"阿旭及时补充道，"这样非常有利于抖音算法对我们账号的基础识别，这个账号的底子要干净才行。"

年轻人的执行力就是强，不到一个小时，抖音账号即注册完毕，接下来我们面临的就是账号的人设定位问题，即以怎样的身份切入美妆"达人"的角色，这关乎引流短视频和直播脚本。

账号人设是解决主播以什么身份出场的问题，核心在于能够增加公信力，同时兼顾差异化，使系统算法更好识别我们的直播间。说实话，相同人设的抖音直播间非常普遍，我们只能通过名字凸显差异化了，最终选定Jessica作为账号名称，中文名就直译成"洁西卡"。

"各位来看，这张照片当头像怎么样？"我精挑细选出了一张个人肖像，期待获得大家的夸赞。

"这张显然不行，起码系统审核就通不过，太随意了吧。"阿旭第一个表示反对，"头像要根据账号风格来设定，要做到无遮挡、不暴露、非国家制服、场景不杂乱、不远景、不用动物以及卡通漫画头像、避免硬广，尽量选取端庄沉稳、有亲切感和信任感的形象照或生活照。"阿旭补充道。

最终我们现场拍摄了"端庄大气"的照片，解决了账号头像问题，接下来就是账号的背景图片，这个也有讲究吗？大家又进行了激烈讨论。

"背景图也要符合你的账号定位和风格，还要跟你的头像相匹配，可以是产品的细节图，增强账号的可信度。"阿旭再一次及时把我们拉回到了正确的道路上来。

剩下的问题就简单多了，填写账号的个人简介，依据人设定位，润色了语言，形成了最终版本。

至此，今日任务打卡结束，回顾今天的工作，虽然是注册账号这么简单的问题，但门道却不少，每一个步骤都有小技巧，今天对于洁洁团队而言又是收获满满的一天。

三、深度课堂

本期深度课堂的具体知识内容如下所述。

（一）如何做好账号的人设定位？

抖音账号定位也意味着直播间或者主播人设的打造，为什么需要认真对待直播间的人设定位？所有的直播间在起号阶段，都需要有模型标签，获得抖音算法的识别。从顶层设计的角度来看，直播间从一开始精心选择人设定位，就是贴模型标签的基本操作了。

账号人设定位的意义有两个方面：一方面增强粉丝黏性和降低购买决策风险，例如同样都是卖香水的直播间，如果主播不做专业人设，对于香水品类的产品知识和行业趋势不够了解，就会让消费者感觉这个直播间不够专业，增加用户购买决策风险；另一方面，账号人设定位让用户标签更精准，容易获取更多算法流量。抖音会根据用户标签进行导流，当直播间的标签越精准时，直播间会得到更多精准的自然流量。即便是付费流量也是如此，如果直播间的标签非常精准，我们就能花更少的钱获取到更多的精准用户，投流的 ROI 也会比较高。

具体怎么做好账号的定位呢？我们可以从如表 1-4 所示的 3 个维度来全方位设计账号的定位。

表 1-4　抖音账号定位的 3 个维度

内容定位 （直播间 & 短视频）	可以理解为账号的内容范畴，主要提供什么服务、提供什么内容信息、卖什么产品等
人设	主播的人物设定，包括性格、行事风格、价值观等，可以理解为一种身份标签
内容表现形式	指以哪种类型视频制作思路和技巧为主，直播间的直播风格是什么样的

具体如何落地应用呢？假设我们选择的品类是美妆，有关账号定位的要素如表 1-5 所示。

表 1-5　美妆品类的账号定位要素

内容定位	人设	视频表现形式	直播表现形式
产品展示	工场老板娘	产品拍摄	主播出镜
福利介绍	美妆达人	对镜解说	产品展示
产品价值观输出	家庭主妇	剧情表演	小窗口视频

根据表 1-5 所罗列的要素，我们可以将 3 个要素进行随机组合，完成我们福利介绍+工厂老板+剧情表演+主播出镜的账号定位，一个工厂的老板给抖音粉丝送福利，通过剧情表演的形式拍摄短视频，吸引粉丝到直播间，看到工厂老板真人出镜在带货，直播场景还是在工厂，如此一来，我们的账号定位人设就非常令人信服了。

通过 3 个要素的随机组合，辅以主播的形象设计、直播间的风格氛围设计等，可以让我们的直播间更加具有辨识度，尽快获得抖音算法的精准识别。

（二）注册新的直播间账号有哪些技巧？

抖音账号的注册看似简单，从普通用户的角度来看，一个手机号码加上验证码就搞定了，但如果我们需要依托此账号开设直播间，将其商业化运作，仅就注册账号本身就有一些小技巧，这些小技巧归纳为如下 3 个方面。

1）新号尽量 1 机 1 卡 1 账号，用 5G 网络注册，不要用 WiFi，也不要用网络卡注册，不然有可能会出现发不出作品和视频不适宜公开的问题，这样做是为了让账号的"背景"尽可能干净，有利于算法账号的初始设定，减少后期直播间起号过程的各种"不可控"的玄学因素。

2）不要在同一部手机上频繁切换多个账号，一个账号不要登录多台设备。因为这样做就会给系统算法一个误导，认为这个账号存在"刷单"的嫌疑，进而对这个账号进行流量的某种限定。

3）账号注册以后，跳过所有自然设置环节，不填任何资料，然后先刷刷短视频。这样做的原因是给系统算法留一个账号干净的背景，系统算法完全可以不受干扰地为账号打标签，刷短视频的过程就是告诉系统算法这个账号偏好的过程，同样是为了让系统算法为账号打上尽可能精准的标签。

（三）账号装修的意义和应该注意的问题

账号装修的意义在于让进来的用户能够第一时间感受账号的定位和形象，增强用户的好感度，尤其是账号的名称和简介，同时有利于系统算法对账号的精准识别。这些看似简单琐碎的问题，可以从细微处影响一个新账号在起号过程中的"不确定因素"，需要我们认真对待。

账号装修需要注意的问题以及从哪些方面装修账号如图1-19所示。

图1-19　抖音的账号装修

1. 特色鲜明的名称头像

一个好名称是成功的开始，直播间账号应该怎么命名？取名的重点是让人容易理解并记忆，达到易于传播的目的，同时命名与账号的定位相关联。

账号的头不仅是用户对账号的第一印象，还是直播间的标识与符号，易于用户联想和记忆，例如达人账号，通常用个人头像或者生活照，这样会更有亲和力，令人产生更强烈的信任感。如果账号是定位于某一个垂直领域，那么头像就要跟这个垂直领域相关。如果账号是品牌的企业，建议可以直接放品牌的LOGO，这也增加了品牌的曝光度，粉丝会对账号有更直观的认知。

关于账号和头像设定，我们需要把握的整体原则是：一定要简洁清晰，尽量避免局部或者远景人像，不用杂乱场景，不用动物。绝对需要避免硬性广告，避免国家制服。此外，头像要和名字有关联性，有利于形成统一的定位认知。

2. 账号背景图的风格化

背景图片首先需要和头像的颜色、风格相呼应；其次背景图要美观有辨识度，

实战抖音电商：30 天打造爆款直播间

能够传达直播间设定的专业度；此外，背景图上传到系统会被自动压缩，因此需要把想要表达的信息留在背景图中央的位置，即用户观看账号背景图的视觉焦点的位置。

3. 简单扼要的账号简介

账号简介是一段文字，是获取算法标签和用户印象的关键信息，我们可以根据账号的定位来撰写账号简介。此外，账号简介不用太长，能够说清楚我是谁、产品是什么、为什么值得用户相信即可。

账号简介可以加上视频更新时间或者直播时间。但新号简介内不要放联系方式以及某信、某商、某Q等敏感词，平台一旦识别可能会降低账号权重。

4. 账号绑定信息的完善

有关账号博主的性别、地区、学校、生日等个人信息应尽量完善，完整的个人信息能够提高账号的推荐权重。此外，一定要绑定手机号，第三方账号（QQ、微博、微信）也尽量要绑定上。

注意，在绑定设备时，应避免一机多用，否则会很容易被系统判定为营销号而降权重。遵守"一人一机一卡"的运营原则是最行之有效的方法。

（四）什么是起号？多个账号进行测号有必要吗？

所有做直播电商的创业团队，都会面临一个问题——起号。所谓的起号就是将一个新的直播间账号在抖音算法中获得精准的模型标签，并获得系统算法稳定的推流。从直播数据来看，直播间获得800~1000人以上稳定的场观，并有逐渐上升的GMV，这种状态称为起号成功。

最好注册多个抖音账号，建立一个账号矩阵进行测号。为什么要这么做呢？多个账号进行测试，不是增加了成本吗？我们需要理解抖音系统算法已经被海量的数据"训练"得无比复杂，这会导致很多先天条件很好的直播间没有被抖音算法"精确识别"，换句话说，抖音算法没有人们想象得那么"聪明"，因此有必要通过账号矩阵增大起号成功的概率。

最后，关于测试账号，需要注意两点：一方面每天分不同的时间段测1~2次，但时间间隔要至少在2个小时以上，切记不要每天测多次，这会让算法认为这是不正常的直播间；另一方面，如果流量正常，我们就不要去猜测系统算法为什么不推流，进而盲目调整策略，这样反而会得不偿失。

Day6 直播间的搭建

一、每日任务清单

抖音直播间搭建全流程如图 1-20 所示。

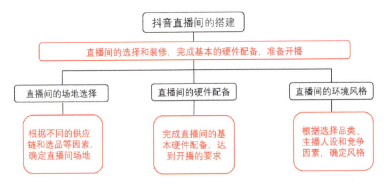

图 1-20 直播间搭建全流程

二、洁洁创业日记：只选对的，不选贵的

8 月 5 号，星期五，天气晴。

今天是个重要的日子，我们的直播间要开始添加设备了，正式开始直播间搭建，这可是第一个属于我们的直播间，也是我们直播带货梦想起航的地方。

"我不管，什么都可以不要，美颜灯必须要有。"作为主播的我马上抢占了舆论的制高点，提出了自己最关心的美颜灯问题。

"美颜灯、环形灯、顶灯、射灯、主灯、补光灯等。"亲身体验过直播间的阿旭像开药方一样，罗列出一堆直播间的基本硬件设施。

"停！你是在用'灯'组词吗？小麦你现在列一个直播间配置清单，我们把最优先购买的产品列下来，最后再根据预算再删减。"看来硬件设备的事情还需要依靠鸿哥。

"就是，我们又不是拍电影，需要那么多灯吗？就买两种灯吧，补光灯和环形灯。"数据琳显然对灯光无感，这样的主题讨论远不如数据分析对她更有吸引力。

置物架、展示柜、摄像头、提词器、手机支架……，我们按照自己的想象，以及参考其他直播间开始了设备清单的罗列。

最后，我们开始冷静分析配置清单，再将自认为不需要的东西删掉，并且货比三家，确定了表 1-6 所示的设备清单。

表 1-6 抖音直播间的设备清单

物料	数量	价格/元	备注
移动白板	1	439	面对主播放置，便于运营实时在白板上写信息和计划
置物架	1	398	要质感好，放置在主播身后，并在置物架上放一些包材高端的护肤品套盒或首饰等，提升直播间格调
环形灯	1	50	即美颜灯，放置在主播正对面
补光灯	2	1550	放置在美颜灯两侧，从主播45°方向照射
充电线	2	32	直播过程中为手机充电
手机支架	1	32	最好为落地式，更稳当，不会出现手机镜头画面晃动的情况
亚克力储物架	1	44	放置桌上，能更好地展示产品

在确定直播间的硬件配置后，团队的小伙伴对于用"手机直播还是电脑直播"又产生了争议，最终还是阿旭一锤定音——手机直播，其实这也是作为素人团队开播的无奈选择，因为电脑绿幕抠像直播，需要账号达到 1000 个粉丝才可以使用，而我们是 0 个粉丝起号，而且阿旭说抖音系统算法对于手机开播更加友好。

今天的打卡任务终于完成了，晚上躺在床上的我回顾一天的工作，创业团队的"小金库"经历了有史以来最大的一次"清库存"。"等我们挣了钱，还是要买更多的美颜灯，还有主播服装，还有……，主播就要美美的！"我终于昏睡了过去，忙碌的一天又过去了，明天太阳会照常升起，期待我们的直播首秀成功。

三、深度课堂

本期深度课堂的具体知识内容如下所述。

（一）和淘宝等传统直播相对比，抖音直播的特点是什么？

抖音直播的特点如下所述。

1. 平台的电商基因和体系的差异

淘宝直播间依托的是传统电商平台，直播间的用户基本上都是"购物粉"，通过长时间的市场教育和实践，淘宝直播的电商支撑体系非常完备。抖音本质上是短视频内容平台，而非电商基因，电商体系生态仍在成长和成熟过程中，因此抖音直播间的用户混杂着"购物粉"和"内容粉"，甚至"娱乐粉"，这些掺杂在一起的各种类型的直播间粉丝对于销售达成并非有利因素。

2. 抖音直播间的冲动消费更强

淘宝作为直播带货模式的引领者，用户和粉丝会基于品牌方/商家的权威性、主播带货专业水平和商品口碑等因素给予直播一定的信任，有利于促进用户做出购买决策，购买过程是比较理性的。而抖音电商直播的主播部分来源于优秀的内容创作者，当内容创作者成为带货主播时，抖音主播相对于淘宝专业度和信用体系的欠缺会引发用户一定的信任危机，因此更加依赖直播间氛围的营造，冲动消费的特征更加明显一些，这也是抖音直播间特别强调团队配合的原因之一。

3. 抖音直播间更加强调团队的配合

相比于淘宝直播间，从直观感受而言，抖音直播间的面积更大，通常要容纳5~6人的团队集中办公，这样的好处是增强了团队日常的磨合，有利于开播的时候形成协调统一的直播间氛围，从而有利于直播间的销售转化。

（二）从场地构成条件来看，抖音直播间有哪些类型？

根据项目的实际情况，直播间场景的选择包括如下4种，如图1-21所示。

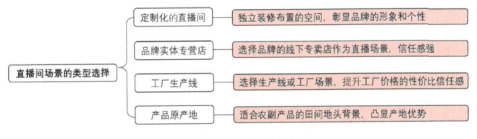

图1-21 直播间场景的类型

1. 定制化的直播间场景

在场地条件和资金允许的前提下，定制化的直播间是大多数直播电商团队的首选，因为可以完全契合账号的定位特点，而且抖音直播间需要团队化作战，营造促进转化的氛围，所以定制化直播间需要容纳5~6人的办公空间，便于团队日常融合。

品牌专场通常都会搭建定制直播间，以便更好地展示品牌的形象和实力，也是增加直播场景吸引力，促成交易转化的一种手段。

此外，定制化直播间遵循够用即可的原则，尤其是初创团队应当把主要的资金预算放在团队的搭建和运营方面，不必追求高档的灯光以及视频设备，要把资源投放在形成产出的关键地方。

2. 品牌实体专营店场景

当选品有形象良好的线下专营店时，为了增强直播间粉丝的信任感，以及附带的品牌宣传效应，可以选择线下实体门店作为直播间，这种情况通常适用于达人专场直播。

3. 工厂生产线场景

这种类型的直播间适用于工厂老板或家族企业的人设定位，通过展示工厂生产线或仓库发货的场景，传递给直播间粉丝"工厂价直出"的性价比优势，有助于提升粉丝对产品性价比的信任。

4. 产品原产地场景

原产地直播间与工厂生产线直播间类似，都是强调产品从源头直供消费者，区别是产品原产地适用于具备产地优势标签的产品，例如农副产品等。从直播间的布置来看，以田间地头为背景的原产地直播间最具性价比，仅需要解决视频和网络传输问题即可。

总结来看，直播间的场景选择需要根据项目的实际情况，选择合适及具备性价比的场景，在满足基本需求的前提下，团队应当将重点放在选品和组建货盘，以及运营技巧上，这才是决定直播间产出的关键要素。

（三）搭建直播间需要注意哪些问题？

从实际操作来看，直播间的搭建，需要注意如下问题。

1）场地空间规划好后，直播间布置上要遵照"光线清晰、环境敞亮、干净整洁"的标准。对于可视范围内的物品，如果做不到整齐，就不要让这些物品出现在镜头里，免得影响镜头的构图。

2）直播间背景要有一个整体风格，而且最好和主播、直播内容或带货商品形成统一的风格。简约大方、清新时尚的直播间风格适合大多数的主播，整洁、温馨的环境比较容易让粉丝们产生代入感，快速融入直播氛围。直播间最好以浅色或纯色背景墙为主，因为杂乱的背景容易让人反感。需要注意的是，直播间建议尽量不要用白色背景，容易产生高反光。

如果是节日活动，可以通过一些KT板来做背景墙，烘托节日氛围。现在很多直播间也用到了LED屏，有条件的朋友可以尝试，这样会更有热闹和抢购的氛围。

3）直播间可以通过软装进行布置，例如使用一些北欧风、绒布地毯来增加直播间的高级感，提升格调；圆形或方形展示台往往在长裙、婚纱类服装直播中用到，加上展示地台辅助就可以很好地展现产品的优势。

4）行业直播间的特色搭建，例如美妆直播间搭建可以配置专用直播桌、低靠背主播椅、背景货架或者展示柜，这些配置可以让直播间氛围更有代入感，也能够让展示的商品看起来更加整洁有序。货架上产品的摆放应体现专业度和足够的吸引力。如果直播间空间特别小，建议直播的商品摆在镜头前即可。

（四）直播间如何完成基础布光？

首先要选择合适的灯具，通常球形柔光罩和柔光箱都是比较常见的直播间光源，我们推荐大家在电商直播中综合使用这两种灯具：对于需要照亮环境的商品，使用球形灯具；而当展示商品细节时，不需要较亮的环境光，更适合使用柔光箱。这样在布光上才能达到一个均衡，也是比较经济的布光方案。

其次，灯具的摆放也有技巧。灯具应该交错布置，这样布光效率会更高，也能避免因为光线比较弱而导致商品在直播镜头中没有层次感。另外灯具高度也需要以高低交错的形式进行布置，再根据具体环境适当调节光线亮度。

最后，对于特定主题或高级感强的直播间，需要借助布光打造光影变化的效果，例如直播间背景是以白色为主时，可以降低背景灯光的亮度，并利用一些植物做光影变化。如果想要直播背景更丰富，还可以巧用色纸，把天花板上的照明灯加上不同颜色的色纸，根据产品属性营造光影变化的多彩场景。

（五）场景搭建如何对直播间数据产生影响？

从"人货场"的角度看，直播间场景扮演了"物理场"的角色，是形成流量到销量转化的关键"场所"，可以从如图1-22所示的3个方面来解读直播间场景与直播间运营的底层逻辑。

图 1-22 直播间核心数据与直播间场景的关系

1. 停留与直播间的视觉吸引

停留数据对于抖音算法判断直播间的优质程度非常关键，一般停留在 40~50 秒以上是正常的，如何拉长停留时间呢？方法有很多种，包括送福利和"憋单"

等，但这些属于运营手法。从直播间场景搭建的角度，在通过色彩和造型的视觉吸引方面，可以通过精心设计的视觉吸引延长直播间粉丝的停留时间，相对于以亏货方式拉长停留时间而言，这种方式性价比不错。

2. 转化与装修质感及卖点展示

直播间的转化数据来自哪里？除了产品本身以及主播话术技巧以外，能够调动的要素之一就是直播间的质感。什么是直播间的质感？简单来说就是精致和档次的程度，场景的装修质感有利于增强粉丝的产品信任，而产品信任对于销售转化的影响显而易见，尤其是品牌直播间，更加需要通过场景装修的质感发挥品牌效应对销售转化的积极影响。对于非品牌直播间而言，增加场景质感最起码要做到直播画面的构图合理、打光和产品陈列有序整齐，包括软装饰品的布置等，这些都是比较容易做到的。

3. 互动与直播间场景的冲突点

互动数据也是撬动抖音自然流量的关键所在，通常抖音直播间为了互动更多采用的是福利款发放或者是"憋单"的方式，此外还可以通过设置直播间场景的"冲突点"来诱发直播间粉丝的互动，这种手法在抖音剧情类短视频中属于常规操作。具体方法是在直播间场景搭建中，故意设置不合理的冲突点，例如不合理的物品摆放、另类有趣的摆件装饰，以及主播的"不合理"配饰，总之在符合抖音内容审查的前提下，直播间一切的"不合理"都有机会引发粉丝的讨论，诱发粉丝讨论互动，优化直播间互动数据。

Day7 直播间销售功能开通

一、每日任务清单

开通直播间销售功能所涉及的相关功能如图1-23所示。

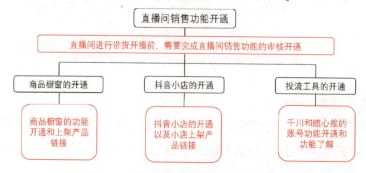

图1-23 直播间销售所涉及的相关功能

二、洁洁创业日记：开通销售功能

8月6号，星期六，天气晴。

"来来来！开小店了，终于要当老板娘了！"我难掩兴奋的心情，激动得有点语无伦次了。今天是正式开启账号销售功能的节点，准备正式开播营业了。

"琳琳，快教我怎么开通小店？我找了半天都没找着啊！"今天阿旭不在，开通小店的任务只能交给我这个未来的主播了，说实话自己有点手足无措。

"打开抖音→切换至'我'选项卡→点击右上角→创作者服务中心→商品橱窗→开通小店→立即入驻→立即认证→填写相关信息即可。"数据琳正在看同行直播间的数据，随口回答我的同时，还不时在纸上写写画画，一副高深莫测的样子。

"是选择'个体工商户'认证还是'公司/企业'认证啊？"我开启了无限询问模式。

"咱们自己几斤几两心里没数嘛？你有营业执照吗？"数据琳觉得我打扰了她的数据分析灵感，开启了"怼人"模式。

"那……那我可以现在办理呀。"我有点不服气。

"现在办营业执照，最少14天才能审批下来，当时我们选择背靠嘉美洛有限公司，不仅为解决供应链问题，还为了能挂靠公司的营业执照，洁洁你失忆了吗？"数据琳无奈地解释道。

为了避免过度打扰"深陷"数据海洋的琳琳，最终这项工作还是甩给了鸿哥。"我们将抖音账号给嘉美洛有限公司，该公司直接将我们的账号挂到它们的小店下就行，先实现首次开播的销售功能，未必我们现在就需要开设抖音小店啊。"没想到鸿哥的解决方案竟然如此简单。

"我→右上角→创作者服务中心→商品橱窗→商品分享权限→先'实名认证'上传身份证信息→再交纳500元保证金。"数据琳分析完了数据，对我们开启了启蒙模式。

"啊，还要交钱啊？"只要交钱，无论多少我都觉得心疼。

"放心，当你不想用这个账号做直播的时候，钱是可以提取出来的。"琳琳解释道，并且顺便赠送了一个白眼给我。

实名认证已完成、保证金已交，通过挂靠公司的抖音小店实现了商品橱窗功能，正式开卖前，就等着添加橱窗商品即可。

"琳琳，我们怎么创建产品啊？"这次轮到负责产品上架的小麦同学开始懵懂了。

"登录抖店官网→左半部分'商品创建'→上传相关信息和图片。"数据琳再一次无奈地说道。"拜托你们都学习一下好不好？以后我们都要依靠抖音平台实现创业梦想，有些基础的操作还是需要了解的。"琳琳似乎对整套流程已经了然于胸。

"哎，怎么不行啊，产品上架又失败了。"小麦诧异道。

"应该是产品图片拍摄和许可证资质问题，产品图片是不是符合要求，还有化妆品生产许可证上传了吗？"琳琳一语道破问题的本质。

最终我们三个人耗时两个小时，终于顺利上架了产品。补充说明一点，这些产品是我们在公司的供应链中进行初步选品的结果，最终的直播产品清单还需要进一步调整。

今日任务打卡完成，关于直播间的首秀，今天的工作成果是里程碑式的，真正是万事俱备，只欠东风了。

三、深度课堂

本期深度课堂的具体知识内容如下所述。

（一）抖音小店分为哪几种类型，它们之间有什么区别？

抖音小店店铺类型主要有：普通店铺、专卖店、专营店、旗舰店。那么如何选择抖音小店的类型呢？如果没有商标证，就只能选择普通店铺。如果有商标，可根据要求选择店铺类型。专营店：店铺内至少1个类目及2个品牌（授权品牌或自有品牌均可），其他类目1个及以上品牌（授权品牌或自有品牌均可）。专卖店：只可经营一个授权品牌。旗舰店：可经营多个自有品牌或一个一级独占授权品牌。

抖音小店店铺类型的区别如下所述。

1. 命名规则不同

旗舰店：品牌名+类目（非必填）+旗舰店/官方旗舰店。

专卖店：品牌名+企业商号+专卖店。

专营店：企业商号+（类目关键词）+专营店，不得以"××（品牌名）专营店"。

普通店：普通店铺可经营多个品牌，没有命名限制。

2. 店铺权限不同

品牌旗舰店有直通新手期的权限，普通店铺、专卖店、专营店没有。普通店铺不能上传没有授权的品牌商品，旗舰店、专卖店、专营店可以上传。

每一种类型的店铺，经营范围以及操作、权限等都没有太大差别。当然，从消费者的角度，旗舰店、专卖店、专营店相对普通店铺来说，更容易建立信任度。但普通店铺如果商品销量高、口碑好、体验分高，也是可以获得用户信任的，因此基本上差别不大。

需要注意的是，普通店铺不能上知名品牌商品，如果需要上知名品牌商品，就需要获取授权资质，有资质可以升级店铺。

抖音店铺也是可以升级的，可在抖店后台"店铺设置"→"店铺升级"中选择要升级的店铺类型，按照页面上的操作提示进行操作，最后提交审核，审核通过即可升级成功。

（二）抖音小店上架产品时应关注哪些问题？

正如洁洁团队在上架商品时遇到的"阻碍"，抖音小店上架产品还是存在一些小的技巧，这些因素不仅影响上架成功，还对产品销售有直接的关联，我们将其总结如下。

1. 产品图片的拍摄

关于产品的上架，首先上架产品的包装规格一定要符合不同品类行业的包装规范，这是最基本的要求，否则系统审核产品上架会失败，即便我们通过了上架审核，如果将来有消费者抓住包装不规范要求索赔，也是一个不可忽视的隐患，这在选品阶段就需要关注，督促商家提供规范的产品包装。

此外，上传产品图片的时候，最好是用专业产品拍摄团队提供的高清产品图片。如果自己用手机或者自有设备拍摄产品图片，就要考虑图片拍摄的清晰度以及关键信息不会因为反光而看不清楚等问题，产品图片通常也是导致上架审核失败的重要原因之一。

2. 产品专业资质问题

抖音对于产品的专业要求非常严格，尤其是某些品类的产品，例如功能性食品、美妆类产品，都需要上传产品经营许可证，因此直播间运营团队在选品阶段，需要对产品的相关专业资质进行审核，我们可以销售白牌产品，但不能销售"三无"产品，尽量降低消费者未来对产品质量的任何质疑。

除了行业标准要求的产品资质以外，对于产品包装上的关键信息也需要进行提前保护，包括商标和关键卖点的标注，能够进行注册保护的都需要进行标注，哪怕是 TM 标也行。

3. 产品详情页设计

对于抖音小店的装修，尤其是产品详情页的设计，也需要我们给予充分的重视。建议产品图片的拍摄，以及详情页的设计委托给专业公司，因为产品详情页不仅展示了产品的主要卖点，更是产品形象和实力的展示，好的产品详情页可以将产品点击转化为真正的下单行为，但反之粗劣的产品详情设计也能够把好不容易获得的销售机会葬送，浪费了直播间主播和运营团队的一番苦心。

（三）如何快速度过抖音小店的新手期？

新开设的抖音小店存在一个新手期的问题，这是抖音平台对于平台用户的一种保护机制，新手期可以过滤一些劣质的店铺。通常新手期有 14 天，但是对于某些销售增长、店铺评分上升比较显著的店铺，是可以通过申请机制，加速度过新手期的，一般在 7 天左右就可以完成新手期。

处于新手期的店铺最大的限制就是每日成交笔数为 1000 单，也就是说达成了 1000 单成交，当天就无法完成补货了，也无法扩大销售规模了。至于新手期店铺其他的约束条件，这里就不赘述了，可以参考官方的相关说明文件进行详细了解。

那么我们如何快速度过店铺的新手期呢？只有两个参考因素：店铺销量和 DSR 店铺评分。关于店铺销量没有明确的数据要求，唯一可以确认的就是店铺销售增长率越快越好，产品销售规模越快越好，这些都有利于店铺快速度过新手期。此外，关于店铺评分，通常不低于 4.5 分才能通过新手期考核。需要说明的是，抖音小店的评分周期是 60 天，店铺的高评分有利于进驻精选联盟，并获得系统算法的流量倾斜，增加店铺曝光。

（四）关于抖音小店的运营，还需要关注哪些问题？

抖音小店的运营对于拥有抖音小店的品牌方非常关键，但像洁洁创业团队无须为抖音小店的运营分神，只需要通过店铺授权的链接做好成单销售就可以了，店铺的运营通常是品牌方或者 MCN 机构的事情。

关于抖音小店的运营，我们建议重点关注如下个问题。

1. 及时发货

通常订单产生之后的 48 小时内必须发货，否则系统算法会降低店铺的评分。如果我们做不到 48 小时发货，可以设置阶梯发货模式，阶梯发货模式支持 3~5 天的发货时限，但申请阶梯发货有一定的门槛，具体可从平台官方渠道获得相应的说明，这些属于平台规则中的常识性问题。

2. 产品口碑

产品口碑的评价非常重要，直接关乎消费者拿到产品之后的退货率，以及使用评价。该评分也会构成店铺评分的重要评价维度，这就要求供应链开发需要寻找优质的产品，缩小消费者期待与产品实际体验之间的落差。

3. 售后服务

对于热卖的产品，售后服务承受了巨大的压力，因为每一个客服都会依次回答十几个，甚至几十个有关产品的问题，其中有关产品购买、产品使用以及物流等疑问，就要求客服团队必须提前做好相关的培训，并不断完善售后服务的Q&A清单，提供高质量的客服服务，避免用户给出差评，影响店铺评分。

对于很多初创团队而言，对于店铺的运营并没有给予足够的关注，然而店铺的运营对于整个项目的投产比具有关键的影响，尤其是库存管理、物流发货和客服服务等非常关键，这就需要直播间运营团队和店铺运营团队进行密切协作，为顺利完成直播间订单把好最后一个关口。

第二章
（Day8~Day14）

直播间起号阶段

起号是直播间在抖音系统算法中建立模型的过程，核心是为直播间打标签，让抖音系统算法通过学习当前直播间的特征，知道该直播间需要怎样特征的用户流量，以利于直播间销售转化的达成，起号是所有带货直播间必须经历的阶段。

起号阶段实际上包括两个过程：测号和起号，但这两个过程在实际操作中一般都融为一体，测号的结果就是寻找到了一个起号成功的账号，一个值得继续运营下去的账号。至于为什么我们需要测号？在前面的内容中提及，每一个新注册的直播间账号，在起号的过程中都会遇到不可测的算法考核，也会带来不可测的结果，为此可以选择同时开播2~3个甚至更多账号，形成一个账号矩阵，通过赛马机制，最终收获一个可以用的账号，这个过程就是测号的过程，同时也是新晋直播间起号的过程。

从实操角度，起号阶段需要完成直播电商最为核心的部分，例如组建货盘，再好的主播和运营团队，都抵不过优秀的货盘带来的起号动力强大，货是直播间起号成功的决定性因素之一。直播间起号还包括直播脚本的测试打磨、主播及其团队的配合、是否需要短视频引流、如何进行复盘分析等。

此外，关于直播间起号最为关键的引流问题，可以选择依靠自然流量或者千川付费流量，以及二者的结合。总而言之，作为一个新晋直播间，如何解决起号阶段的引流问题，是决定起号成败的关键。

Day8　直播间货盘的组建

一、每日任务清单

直播间货盘组建的全流程如图2-1所示。

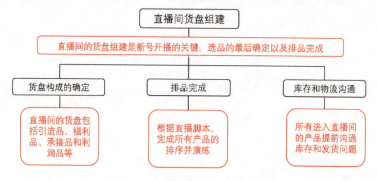

图2-1　直播间货盘组建全流程

二、洁洁创业日记：创建直播间的货盘

8月7号，星期日，天气多云。

今天是周日，但对于创业团队来说是没有周末的，而且今天又是一个特殊的日子，因为为期7天的前期筹备阶段终于结束了，预示第一阶段闯关成功，接下来就该向第二阶段进攻——直播间的正式开播。

"账号有了，产品也上架了，现在等样品就可以准备开播了，这一路走来真心不容易啊，7天感觉像过了一个月啊。"经历了前面忙碌的7天，素来理性的阿旭也突发感慨。

"别担心，我已经让公司把样品送过来了，先看看公司的货，今天把具体要卖的产品确定下来。"主管供应链沟通的鸿哥，深知小伙伴们的焦虑心情，安慰大家道。

果然是背靠大树好乘凉，10分钟后，我们收到了公司送过来的一整箱样品——眼霜、防晒霜、洗发水套盒、洗面奶、护肤套盒、精华液、冻干粉、水乳等产品，接下来，就需要在这些产品中进行挑选，看哪些品能够进入直播间，按专业的说法，这称为直播间组货盘。

"这是什么产品？虾青素？瓶子里还有一根线，这怎么用啊？"自认为见多识广的我像是遇见了新大陆。

"看到这个小棕瓶眼霜没？成本1元，这个撕拉面膜2元，还有这个10件套，要贵一点32元，这个安瓶套盒28元……"阿旭看着连同产品一起送过来的成本统计表。

"大家快来看，这个产品看起来怎么都值五六百元，成本居然才28元啊！"通常作为消费者的我，第一次接触产品成本表，终于认识到了美妆产品令人艳羡的毛利空间。

"各位别跑题，现在开始选品吧。我们分头整理这些产品的数据，主要是销售数据以及主播的带货数据，看看哪些产品是经过市场验证过，比较容易销售的。我这里列出了需要对比分析的数据类目，大家看看，有什么不懂的可以问我。"琳琳作为数据天才少女，面对琳琅满目的护肤品依然保持冷静，并且俨然充当起了选品导师的角色，看样子最近七天数据琳的进步最明显。

根据琳琳列出的需要对比分析的如表格2-1所示的数据类目，我们团队分析了每一个产品的详细数据表现。"真是不看不知道，一看吓一跳，1元的小棕瓶眼霜销售量最高，但销售价格竟然也是1元！再加上运费就是铁定亏损啊。"就连我这个最不会算账的人也不禁感慨道。

表2-1 货盘组建选品的参考类目

品牌	产品名称	图片	规格	成本价（不含运费）	7天转化率	7天浏览量	销售量（近30天）	销售额/元	直播占比	其他补充

"商家卖这个价格是将此产品作为引流款来使用的,你们选品组货也要按引流款(品)、福利款(品)、承接款(品)和利润款(品)4个维度去分析考虑。还有商品定价不要异想天开,先进行数据分析,横向对比同行售价,价格设置太高会没有竞争优势。"阿旭果然是"身经百战",直接点出了直播间货盘的本质。

凭借女生对护肤品的天生敏感性,以及理性的数据分析,我们最终选出了如表2-2所示的12个产品,并按照成本价由低到高将这些产品依次归纳为引流款、福利款、承接款和利润款4个品类,每个品类平均3个产品。

表2-2 直播间货盘构成(示例)

类别	要求	举例
引流款	1个即可,价格极低,目的是拉人气,转成交	1.88元的牙膏,或者9.9元的洗护套盒
福利款	极致性价比,产品价值要高,为憋单拉停留时长	送包包或手表,数量严控
承接款	选择"组合"或者"多数量"的方式	29.9元含1瓶水+1瓶乳,或29.9元含3瓶水
利润款	一般选择包材上档次的产品,在镜头里展示性更强,会更有吸引力	护肤套盒十件套或者冻干粉套盒

今天终于完成了打卡任务,我们最大成果是完成了直播间货盘的初步组建,并且为每一类货品准备了备选产品,有待根据将来的直播数据进行调整。"货盘、货盘、还是货盘,这是直播间起号的根本!"脑海中回荡着阿旭的总结发言,忙碌一天的我可以安心睡觉了。

注意,本部分的商品价格仅用于示例所需,供读者更好地理解货盘的相关知识,切勿当成现实中的商品价格对比。

三、深度课堂

本期深度课堂的具体知识内容如下所述。

(一)什么是直播间的货盘?其构成是什么?

货盘就是指一场直播中商品的搭配方式,包括按照价格和利润空间的划分组合,以及按照使用场景进行的划分组合。直播间货盘的组建和优化对于抖音直播间的运营非常关键,贯穿了直播间运营的所有阶段,不仅仅是起号阶段,也包括持续运营阶段。

结合产品售价和使用场景，直播间的货盘构成划分如下所述。

1. 引流款

引流款的作用有两个：亏货引流和优化直播间"成单数据"，后者是为了完成抖音算法对直播间成交数据的考核。引流款的产品定价通常比较低，而且会选择让人产生购买欲望的商品，比如生活必备的一些洗护用品等。引流款产品的特点如图 2-2 所示。

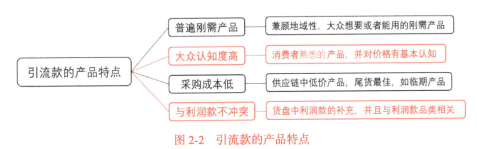

图 2-2　引流款的产品特点

引流款的低价值不仅激发了直播间用户的购买欲望，同时也是降低引流成本的好方法，甚至可以产生提升直播间停留时长的作用。当然引流款相对容易的成交表现，可以直接改善直播间的成交数据，这是抖音算法对于直播间是否优质，进而是否推送流量的关键考核指标。

2. 福利款

福利款有时候会和引流款合并，福利款顾名思义就是为了给直播间的用户送福利，其目的是为了吸引用户停留直播间，拉停留时长，福利款会选择"爆款"商品，增强福利款对用户的吸引力。有时，对于商家来说，福利款产品会微亏损，或者平本。

福利款选品原则首先是产品的外观，福利款的外观最好是那种高颜值，并且产品包装体积大或者产品数量多，有视觉冲击力；其次福利款产品是消费者刚需型，例如纸巾等；最后是福利款的定价，产品价格需要低到让用户"无痛"下单，甚至是亏本卖，结合"微憋单"拉直播间停留时长，拉升或者保持直播间人气。

3. 承接款

承接款细分为两类，一类是放在引流款和福利款之间，价格也是介于两者之间，这是为了避免福利款出现接不住流量的情况，所以会用承接款在二者之间起一个承接流量、拉动转化的作用。当然这里承接款的选择和引流款也是差不多的，要让直播间观众产生一种"薅羊毛"的购物欲望。

另一类承接款是放在福利款和利润款之间的，这是为了避免利润款的价格过高导致观众不买账，承接款的价格不能过高，同样也要强调价值感。

4. 利润款

利润款是直播间销售利润的来源，也是货盘构成的核心。通常利润款不宜过多，2~3款即可，甚至是利润单品。利润款出现的场景是主播累积一定直播间人数的时候，切款到利润款，进行快速讲解，重点强调商品的价值感，要快速强调价值感后快速逼单和放单，这样才有利于提升转化率。

真正考验带货主播及其运营团队的就是利润款的成单数据，直播间货盘所有的准备都是为了利润款的销售。由此可见，利润款不仅考验选品本身的水平，更是所有直播间运营的核心。

（二）为什么要组建货盘？

首先说明一点，不是所有的直播间都需要组建货盘，只有那些"拼盘"类的直播间需要组建货盘，有些强势单品或爆品直播间，对于组建货盘的需求并不强烈，这种直播间可以简单理解为是某个单品的专场直播，顶多需要一些福利款进行直播间数据的优化。

直播间组建货盘之后需要进行排品，什么是排品？将货盘中不同种类的货品，例如引流款、福利款、承接款和利润款确定下来，并根据直播间的流量规律，准备好先后的出场顺序，同时演练不同产品的直播话术。

直播间组建货盘最大的原因是，需要根据直播间不同流量波峰，借助不同类型产品出场，优化直播间数据，例如拉升直播间流量的时候，需要的是引流款；需要拉升直播间流量，同时拉时长的时候，需要福利款出场；当流量到达高峰的时候，需要利润款出场进行利润收割。总之货盘提供了运营团队应对和调动直播间流量曲线变化的重要手段，甚至是撬动抖音流量的必备工具，更是实现整场带货实现销售盈利的关键。

此外，组建的货盘并不是一成不变的，需要根据每场直播的复盘分析，灵活进行调整，发挥货品撬动流量的最大价值。

（三）货盘背后的流量运营原理是什么？

图2-3所示为直播间流量的基本变化规律与货盘构成之间的关系。需要说明的是，图中所展示的是抖音带货的基本玩法规则，不同的品类或者玩法，也会有不同的货盘与直播间流量的对应关系。

1. 流量上升期

直播间在开播15分钟左右会进来流量，例如500左右的流量，此时的流量是

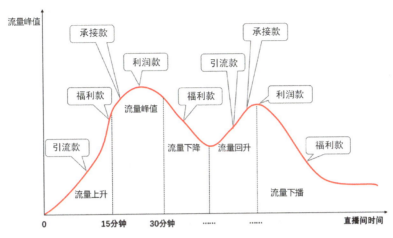

图 2-3 直播间流量与货盘的关系

平台导入的测试流量，根据账号标签，这波流量的精准度不尽相同。为了承接这波流量并吸引算法继续导入流量，就需要上引流款或福利款优化直播间数据，例如福利款的定期放出（3~5分钟放一波次）可以发挥拉升流量和提升停留的双重效果，简单来说引流款和福利款就是通过亏货的方式撬动抖音平台的自然流量。

这个阶段拉升直播间流量的方式，还可以是付费流量，通过诸如"随心推"等平台投放200~300元左右的人气，配合引流款或福利款，共同作用拉升直播间的流量。

2. 流量峰值期

当直播间的流量到达峰值之后，我们有两个选择：一种是直接上利润款，趁着流量高峰进行利润的收割，但这并不是一个最合理的选择，因为利润款一旦放出，必然会带来直播间流量的下降，让直播间的人气迅速下降，除非是福利款的品类属性和价格区间与利润款差别不大的时候，流量高峰直接上利润款收割流量价值。例如引流款或福利款是纱巾，价格在19元左右（实际成交是低于此价格，送福利），利润款服装的价格在29元左右，两款产品品类属性相关以及价格差别不大，就可以在流量峰值上利润款。

另一种迎接流量峰值的做法是上承接款，避免在福利款和利润款之间价格差过大导致利润款成交受阻。同样是上面的服装案例，如果利润款的价格在49元左右，远远高于标价19元的福利款，则需要在二者间插入29元左右的承接款过渡一下。

3. 流量下降期

当直播间的流量开始下降时，这是必然的现象，要么是直播间流量的自然下降（直播间没有很好地承接住流量，转化效果不好，系统算法不再导入流量），要么是流量峰值期上了利润款，这都会带来直播间流量的下降。此时将流量再拉上来的话，则需要福利款或引流款再次出场，像流量上升期一样，通过排品的变化和主播话术调整，力图再次拉上直播间人气值。

当然我们也可以通过付费流量，尽快遏制直播间流量的下降趋势，并且往回拉升直播间人气，这属于千川或随心推的打法，我们在后面会有详细展开的介绍。

（四）如何看待货盘中的爆品？爆品为什么难以复制？

什么是爆品？即在短时间内能够形成"放量销售"效果的产品，至于具体到多少的GMV（销售总额）才算是爆品，不同商品品类有不同的标准，通常单场带货，单品销售突破10万元，月度带货GMV达到300万元~1000万元量级就可以算是爆品了。

直播电商的货盘中，是否必须包含爆品？本质上直播电商就是爆品电商，之所以需要选品，就是希望通过选品的组合和优化，能够为直播间导入爆品潜质的产品，获得短时间内的销量爆发。在直播间货盘中，爆品有两种用法：一种是用来引流和拉停留时长，将货盘中的引流款或者福利款设置为爆品，此时的爆品更多是刚需且极具性价比；另一种是作为利润款出现，直接利用爆品的特点，实现最大化的销售规模以及利润。

但是直播间的货盘中能够出现爆品的概率不高，因为爆品是可遇不可求的，绝对属于稀缺资源，即便是模仿爆品也是不太可能的，因为爆品一旦经过验证，在有限的生命周期内，模仿者通常是来不及跟进的，包括产品的生产和仓储等。图2-4所示为爆品难以复制的原因。

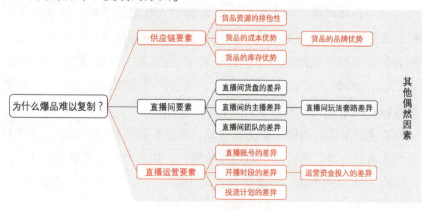

图2-4 爆品难以复制的原因

总结来看，虽然每个团队都想站在巨人的肩膀上，采用爆品跟随策略"吃一波儿红利"，但实际上所有成功的爆品都有不为外人知道的原因，甚至还有电商平台流量算法的"不可控"因素，在图 2-4 中将其归为"其他偶然因素"的范畴。因此，我们可以借鉴的是爆品所在的品类以及产品概念，并借势爆品所形成的热点，开发类似概念的产品或供应链资源。而且爆品背后的直播间打法和运营思路，其他团队是难以获知的，从这一角度上而言，爆品也是难以复制的。

Day9　撰写直播脚本

一、每日任务清单

撰写直播脚本所涉及的方面如图 2-5 所示。

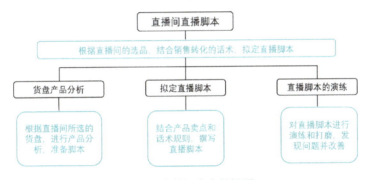

图 2-5　直播间脚本的撰写

二、洁洁创业日记：直播脚本是直播间运营的基本功

8 月 8 号，星期一，天气小雨。

按道理忙了那么多天，小伙伴们应该休息一天，但今天又是首次开播前的演练，尤其我这个主播和作为副播的阿旭需要打配合，还有直播间其他岗位的配合都需要提前磨合，因此各位创业伙伴还是决定利用周日的时间集中彩排。

"那个……大家来看这个洗发水啊，它……嗯……大家看，是不是很大一瓶，而且这个洗发水……嗯……就非常好用，嗯……大家赶紧抢，原价嗯……看到没，是 198 元，今天只要 9.9 元，去拍吧，超级好用！"第一次站在直播间镜头前的我，似乎丧失了日常的伶牙俐齿，说起话来居然磕磕巴巴，完全辱没了我播音主持专业的形象。

"嗯对，是的，很好用……大家赶紧去抢吧。"首次作为副播出场的阿旭同样不在状态，被我大失水准的表现弄得不知所措。

"嗯，是的，大家再看这个洗面奶，哇，泡泡很多啊，能洗得很干净……"我依然在强行坚持着，试图找到状态。

"停停停！咱们这播的是什么呀？节奏全乱了，而且话术没有围绕产品的卖点，激情也不够，我看还是准备好直播脚本再来吧。"即便是完全没有经验的小麦，也看到了主播和副播的配合完全不在状态，相互之间完全没有配合，甚至给人一种不知所云的感觉，一看就是生手在直播，怎么能给直播间粉丝带来信任感呢。

"直播脚本？这是什么东西？怎么写啊？"我小心翼翼地问道，有一种临上课才发现没带作业的心虚感。

"今天上午找对标账号，完整看完对方的直播，下午两点我们再碰一次，仔细分析对标账号的直播话术。"数据琳发出了命令，这让我这个创业带头人有点尴尬，也许是因为我第一次做带货主播有些兴奋，这些问题都被我忽略了。

下午三点半，小伙伴儿们带着各自观察和分析的成果回到了直播间，这次大家的准备都很充分，经过汇总各位同伴的分析素材以及讨论之后，由阿旭执笔将直播间话术分为了以下4种类型。

1. 互动话术

主播要经常向受众打招呼，拉近亲切感。比如，"哈喽直播间的宝宝们"或"新进来的宝宝们，你们好！"

主播在互动时要时不时地提及自己的人设，多次且看似不经意的"洗脑"受众，让受众潜意识中更加信任自己。

2. 产品介绍

主播需要尽量将产品的价值感塑造出来，即使产品成本只有10元，但是要通过主播的语言将产品的价值塑造到99元，让观众产生之所以该产品卖10元的价格，是因为宠粉、要好评等理由的感觉。

此外，主播还需要尽量将产品性价比塑造到极致，比如线下卖四位数的产品，今天为了给大家送福利，只要两位数，例如某宝卖288元，今天在我直播间只要88元。

3. 产品展示

主播要尽量将产品往镜头前推进，并时刻注意镜头里的产品清晰度和角度，将产品的包材以及质地清楚展现出来，包括产品品牌和吸引人的标识和图文都可以用特写的方式展现，让受众清楚地看到产品细节。

需要提醒的是，主播在边讲解边拿产品展示时，不能太晃动产品，要稳定住，另一只手也不要一直不停地乱指，要将想展示给受众看的信息稳定指出来，不要乱点产品，以免干扰用户仔细观看产品的视线。

4. 话术套路

常见的话术套路有如下几种。

（1）憋单话术

主播一直介绍产品，却迟迟不放库存，借此吸引直播间用户保持在线，增加他们直播间的停留时长。主播可以选择合适的时机，提醒中控放出一部分的产品，刺激一波销售的达成。

需要说明的是，在2021年下半年，憋单话术已经被抖音平台监控和限制，避免出现故意欺骗消费者的情况，例如一直憋单，但不放单出来，采用近乎于欺骗的方式诱导用户增加直播间停留时长。

（2）逼单话术

通过话术技巧"逼迫"直播间用户赶紧下单，营造紧迫的氛围，例如"一会儿我就下播了，下播之后恢复原价，还没有拍的宝宝赶紧去拍""只有最后3个库存了，卖完没有了，宝宝们赶紧去买"，或者用"54321"倒数的方式催促直播间用户下单。

（3）踢单话术

我们可以理解为将一些"拍单但是没有付款"的人踢掉，恢复库存量。这种话术是针对那些下单未付款的用户，督促这些用户赶紧支付。此外，踢单话术提供了增加库存量的"理由"，以免造成"永远最后3个库存"话术造成的尴尬和不信任感。

（4）放单话术

即打开库存，让直播间用户可以去下单购买。这是微憋单的经典话术，前期只是讲解产品的卖点或者进行产品的展示，等到一定的场观人数和互动之后，通过上链接的方式，开始放单，营造一种抢购的氛围，刺激其他直播间用户下决定购买。

除了以上我们观察、分析和总结出的四种类型话术，今天下午还在嘉美洛有限公司的帮助下，系统学习了直播脚本的撰写方法，以及熟悉了抖音平台的敏感词清单，避免因为触犯算法对于敏感词的监测，而导致的直播间被警示，甚至强行下播。

三、深度课堂

本期深度课堂的具体知识内容如下所述。

（一）直播脚本是什么？如何撰写直播脚本？

直播脚本是我们在直播过程中基础素材的精心安排，是把控直播节奏的关键，对于直播间销售转化的影响至为关键。具体而言，直播脚本能够解决的问题如图2-6所示。

如何撰写直播脚本？我们以单品直播脚本和单场直播脚本为例，展示如何撰

图 2-6　直播脚本解决的问题

写不同类型的脚本。需要说明的是，直播脚本的撰写方式千差万别，不同的运营团队和主播使用的脚本模版都不同，但无论直播脚本的形式如何变化，都必须满足两个原则：一则是符合抖音规则的约束，不能出现敏感词或者禁止的直播间打法；二则这些脚本都是经过磨合和实践检验，能够带来良好的销售转化效果。

1. 单品直播脚本

单品脚本是以单个商品为核心，在深刻洞察用户购买心理的基础上，制订商品解说的话术安排，提升直播间的销售促进效果。

单品直播脚本的内容一般包括产品品牌介绍、产品卖点、利益点加强、促销优惠、催单话术等，这些话术必须有利于吸引用户停留观看以及刺激下单购买。以服装为例，单品脚本就要在表格中详细描述衣服的尺码、面料、颜色、版型、搭配要点等，当然必不可少的是产品的价格优势。

直播脚本通常以表格的形式，将产品的卖点和优惠活动标注清楚。直播脚本中也会列举用户通常会问的问题，并给出回答指引，避免主播面对提问的话术混乱。

图 2-7 所示为单品直播脚本的撰写方法和原则。需要强调的是，所有的脚本都是一个不断打磨的动态过程，我们会根据复盘的销售数据，对直播脚本进行调整和优化。

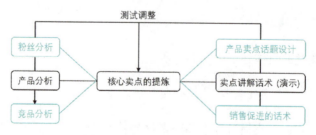

图 2-7　单品直播脚本的撰写

2. 单场直播脚本

单场直播脚本针对的是一场持续4个小时以上，且出现比较多单品的直播类型，例如整场直播出现的产品多达十几款，甚至更多，行业内也称之为"拼盘直播"，通常达人多采用这种直播方式，以便在一场直播中销售更多的商品。

单场直播脚本需要考虑的因素比较多，核心在于不同产品之间的切换时机和话术选择，如图2-8所示。

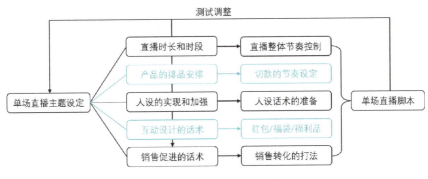

图2-8 单场直播脚本的撰写

单场直播脚本与单品直播脚本最大的差异是"切款"或者"切品"，我们需要根据直播间的人气曲线和在线人数，灵活调整切款的节奏，尤其是根据不同的货品所表现出来的销售促进力，通过灵活切款获得进入直播间的流量利益最大化。

此外，在单场直播脚本中，我们可以设计一些有趣的互动环节或者实验环节，这些环节是结合产品的卖点展开的，增强产品卖点的说服力，让直播内容生动有趣，拉停留时长并引发互动。

（二）直播脚本中的欢迎和关注话术有哪些？

抖音直播话术分为很多类型，哪些话术适合热场？哪些话术适合转化？哪些话术适合拉近和观众的距离？这些都需要在制订直播脚本之前有所了解。

1. 欢迎话术

观众进入直播间时，主播可以看到观众的等级和名字，此时可用欢迎话术对他们打招呼。

欢迎话术有一个原则：让观众知道他进入了你的直播间，你在关注他们，让用户有参与感。另外，我们还可以多使用语气词（具体根据主播风格和人设而定），更能让观众有亲切感。

2. 关注话术

观众进入直播间之后，怎样通过一些抖音直播关注话术让他们顺手关注你的直播间，为直播间涨粉呢？这就需要通过主播话术给自己打广告，不断给新粉丝传递自己的直播简介，这不仅能吸引新粉丝点关注，还会增强粉丝对主播的忠诚度。

（三）直播脚本及话术如何影响直播间数据？

直播间话术虽然不是直播间引流的关键，但却是优化直播间数据的关键，优秀的主播通过场控和副播的配合，根据直播间流量曲线的变化，及时改变话术，发挥拉停留时长、引发评论、加粉，以及提升转化率的作用，总之在货盘和投流之外，主播及其运营团队能否接得住流量，就要看如何灵活运用直播间话术了。

如何根据直播间流量的波动曲线，选择直播间话术的重点以及改变策略？我们将之分为如下3种情况。

1. 流量上升期

此时的话术要围绕引流款或福利款、福袋等展开，并不断与新进来的粉丝打招呼，增加粉丝们的停留时长并展开互动，助力直播间人气值提升。这个过程中可以通过福利款进行微憋单，增加场观（现场观众）和停留时间。

2. 流量巅峰期

直播间迎来了"一波儿流量"，此时直播间场控需要提示主播，流量来了，需要及时改变话术，转向销售促进。此时的话术主要围绕着承接款，要么是爆款单品，要么是快速过品，这是收割流量的关键时刻，话术的核心是促进转化，追求成单。

这个阶段的主播话术主要达成两个指标：点击小黄车和成单，这对于抖音进一步推送流量是关键指标，否则直播间的流量会遇到天花板效应，难以进入下一个流量池，获得更高的流量峰值。

3. 流量下降期

直播间一旦开始上承接款或利润款，正式开始卖货，必然会带来直播间流量的下降（这是因为"羊毛党"以及泛流量开始离场），此时为了延缓流量下降速度，除了在排品和投流上的操作以外，直播间话术也需要调整，通常是跟随福利款或福袋的发放，号召粉丝领取福利，拉升场观和停留，延缓流量下降的趋势。

关于直播脚本和话术的运用，我们的总结是直播间话术虽然不是决定直播间流量波动的关键，但却是影响直播间成交转化的核心，优秀的主播总是能够通过出色的话术，完成直播间流量的承接，为撬动平台更大的自然流量奠定基础。

第二章（Day8~Day14） 直播间起号阶段

Day10　电商短视频的拍摄

一、每日任务清单

拍摄电商短视频所涉及的内容如图2-9所示。

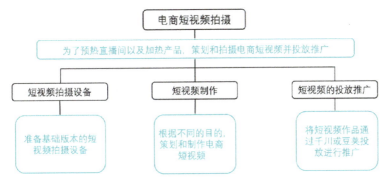

图2-9　电商短视频涉及内容

二、洁洁创业日记：短视频是撬动直播间流量的重要途径

8月9号，星期二，天气晴。

经过了昨天的突击训练，今天是本直播间正式开播的第一天，就定在晚上，具体时间还需要和小伙伴们商量，到那时大概率需要避开晚间8点到10点的黄金时间段，毕竟我们是新手直播间，黄金时段抢流量基本不可能。

"今晚开播，我们商量一下预热视频吧？"阿旭走进直播间，并且提出了今天的第一个工作议题。

"预热视频？干什么用的？咱们完全没准备啊？！"包括我在内的一众小伙伴有点蒙圈，这任务来得有点太突然了吧。

"预热视频是为直播做预告，只要短视频的创意和预告内容引发用户的兴趣，预热短视频的流量有可能会导入直播间。"阿旭耐心地给大家解释，"此外，预热短视频也是为了给直播间打标签，建模型，让系统算法识别我们直播间"。

既然预热视频这么有价值，激发起了我们年轻人的强烈兴趣，毕竟原本我们也经常拍摄Vlog短视频，想必拍摄直播预热短视频应该是手到擒来啊。

整整三个小时我们拍摄了N条15秒短视频，结果阿旭同学都表示不满意："我们拍短视频不仅为了预热直播间，更是为了打标签，要根据账号的风格定位，以及直播间的产品进行剧本创作,现在拍摄的短视频根本就是 Vlog 的生活视频,与账号定位毫无联系。"

"我看这样吧,我们找对标账号,直接对标这些账号的短视频风格拍摄,稍微进行一些创意的变化。"一直负责摄像的鸿哥难得发表一次观点,不过这个方法迅速得到了大家的认同,毕竟我们经验尚浅,不如从模仿开始。此外,今晚就要开播,预热短视频最好是开播前 2~3 个小时发布,时间有些来不及了。

"这都晚上九点了,预热视频才 23 个播放量,点赞量才 6 个,这也太少了吧,要不然我们把短视频发给亲朋好友,是时候展现各位朋友圈的强大威力了。"看到如此惨淡的播放量,我有点沉不住气,感觉自信心受到了强烈的打击。

然而这种发朋友圈,拉来亲朋好友观看短视频的行为,包括后面团队小伙伴儿拉亲朋好友进直播间助阵的行为,都受到了阿旭的严厉批评,这是她当初作为直播间运营也犯过的错误,没有想到我们又重新走了一遍。"这种看似增加播放和人气的做法,实际上得不偿失,因为这些亲朋好友并不是直播间的精准用户,他们会干扰系统算法对我们直播间所打的标签,将来算法分配给我们的流量就不精准了,典型的因小失大的做法。"阿旭如此激动,估计当时犯这个错误的时候,她受到了批评也非常严厉吧。

实际上,预定的今晚开播并没有实现,除了预热短视频之外,我们的直播间准备,以及货盘又出现了调整,为了稳妥起见,今晚还是模拟开播,就当是训练团队配合了。

经过这一番折腾,身心俱疲的我躺在床上,心想着明天继续开拍预热短视频,同时希望明天的开播首秀,直播间能够有好的数据表现,各位晚安吧!

三、深度课堂

本期深度课堂的具体知识内容如下所述。

(一)是否一定要有预热视频? 提前多久发布预热视频?

答案是不一定但最好有,根据账号的成长阶段,最开始起号的前几天,可以不发或者不是每天都发,但是等账号开始成长起来之后尽可能每天都要发布预热视频,塑造人设的同时,也可以为直播间引流。基本原理是短视频和直播间的流量是互通的,当短视频和直播同时出现时,用户刷到视频后通过账号头像可以看到正在直播的信息,用户有机会点击进入直播间。另一方面通过短视频进入直播间的用户产生了停留、互动、转化的数据指标以后,系统就会认为该直播间是一个优质的直播间,从而反向给你"加热"短视频,使短视频得到系统更多的精准展示。

关于直播间预热视频发布的时机选择,可以在直播前 3 个小时,间隔陆续发布；如果是直播切片，在直播中，每隔 30 分钟发布一个；一些打造人设的短视频，如专业知识输出、剧情演绎的一些视频，可以根据自己粉丝的活跃时间点去发布。

（二）电商短视频的分类主要有哪些？

电商短视频的分类主要有如下几种类型。

1. 商品种草型

商品种草视频，主要是突出产品价值，通过产品卖点种草导流用户进入直播间，主要分为两种：产品口播和产品展示或评测。需要注意的是，如果产品信息植入得过于生硬，短视频会被系统算法限流，因为此时系统判定此短视频属于广告视频。

2. 直播预热型

直播预热型的短视频，主要用于直播前的预热，预热短视频和种草视频最大的区别是，强化了主播开播的时间展示，例如"每天晚上7点开播，或今天晚上7点开播，敬请期待"。

预热短视频对于商品的展示也需要避免过于广告化，最好结合产品的使用场景软性展示产品，避免视频被系统算法限流。

3. 人设塑造型

相较于前两个类型，人设塑造型视频创作难度会高一些，视频内容以主播或者直播间人设为核心，结合账号所聚焦的垂类产品进行创意创作，例如创业故事、知识讲解、产品评评测等，这些类型的视频内容有助于加强主播或直播间的人设。

（三）短视频内容的创意，如何能深入人心？

优秀的短视频是非常不容易的，尤其是持续的优质短视频更是可遇不可求，如果我们想要通过短视频为直播间引流或塑造主播人设，配备一个创意、拍摄和投放能力出色的短视频团队是必需的。新手团队的话，如本书的洁洁团队，建议短视频内容的展现以产品展示、商品口播、直播预告和直播切片为主，这类短视频对于创意要求不太高，当团队有了短视频经验，再结合抖音平台的内容热点关键词、抖音梗等高阶创意能力，提升短视频创作的效果。

简单来说，短视频的内容策划可从如下 3 个方面切入。

1. 从产品功能切入

从产品本身寻找短视频的创意切入点，例如产品卖点、价格优势或产品功能的演示等，这种类型短视频要能够直击消费者的痛点，迅速激发用户对产品了解的强烈兴趣，即产品种草成功。

2. 从主播人设切入

前面提到，短视频的作用之一就是强化人设，因此短视频有一个类型就是从主播的人设切入，例如通过视频展示自己的工厂或供应链身份，将拍摄背景选在工厂或物流仓库。或者由主播根据产品输出专业知识，从而增加用户的信任感。

3. 从社会热点切入

抖音短视频要想获得出色的播放数据，需要"蹭热点"，蹭什么热点？两个方面：社会的热点话题或者热点现象，如果可以与主播人设或产品结合，则选择社会热点进行短视频创意；另一方面是抖音平台的热点话题或热点短视频，此类蹭热点的短视频通过模仿或者翻拍往往也能够获得好的播放数据。

需要强调的是短视频团队中的编剧非常关键，这个岗位必须具有非常好的网感，而且能够持续输出优质内容创意，而不是昙花一现式的爆品视频，这类人才是短视频团队中的核心与灵魂。

（四）拍摄短视频是否需要高端专业设备？

电商短视频的拍摄，千万不要陷入器材党的泥潭，因为网络视频的分辨率有限，我们只要能够拍摄和输出1080P的设备即可，未必是昂贵的专业单反，甚至更高端的设备，很多情况下"一部手机+稳定器"就是基础的电商短视频拍摄设备。

关于拍摄素材的剪辑，建议大家在手机端直接下载"剪映"就可以了，不用高端的类似于Premiere之类的软件，剪映这款APP是抖音官方出品的一款非常容易操作的视频编辑工具，能够满足普通短视频绝大部分的需求，只要用户不加一些特别炫酷的特效，剪映都能搞定。

（五）预热短视频的类型有哪些？ 如何投流推广？

针对直播间开播的预热短视频根据内容素材的类型分为3个类型，如图2-10所示。

图2-10 预热短视频类型划分

1. 产品种草型

产品种草型视频更适合于通过挂小黄车直接实现销售功能，并不算直播间引流的主力方式，这也说明一点，如果我们要通过产品种草型短视频为直播间引流，就一定要挂小黄车。产品种草类短视频适用于测爆品，针对特定产品拍摄的短视频如果出现数据爆发，则趁机开直播，在直播间收割销量。

2. 主播剧情型

此类短视频需要围绕主播的人设展开内容创意，轻度植入产品，此时出现的产品首要目的是烘托人设并贴标签，不是为了测爆品，类似于产品的软性植入，非常考验视频创意能力。

3. 直播预告型

直播预告型短视频，通常是开播之前的两个半小时~三个小时发布，其中系统审核的时间大约半个小时，这个时间要预留出来，并考虑修改视频和重新触发审核的时间。直播预告型短视频通常是"主播出镜+直播间场景"，产品信息的露出为次要，核心内容是提示直播开播的时间，引导加粉关注，并为直播间蓄势引流。直播预告型视频可以发布1~2条，酌情可以增加到3条，通过投放看哪条视频的数据更好，酌情增加视频的千川投放计划和预算。

此外，还可通过投放直播切片视频，实时为直播间引流。直播切片通常选择的是直播间的优质画面场景，例如主播状态最佳的时刻，以及在讲解产品利益点的时刻。此外，直播切片视频中不能出现过多的营销词汇，并且避免出现敏感词、违禁词，以免影响系统的审核结果。

无论是种草短视频、人设短视频或预热短视频，在预算允许的前提下，可以考虑通过千川付费购买流量，将短视频得到更大的展示量，获得理想的播放数据。图2-11所示为千川后台添加创意的入口界面。

通过千川进行短视频的投放，主要掌握如下技巧。

1）视频素材方面，如果主播的形象和技巧比较成熟，可以更多选择投放主播出境的剧情类和预热型短视频。

2）投放方式、成本和速度的选择，如果是预热短视频或者直播切片就选择尽快投放，其他类型的引流视频可以选择均匀投放。

3）投放的日期范围，根据视频类型的不同有所区别，种草型视频可以选择时间稍长，而预告型和直播切片选择固定时长投放，具体根据直播的时间长短来定。

4）投放预算以直播间的运营总体预算为基础考量，每条视频设定2000元左

图 2-11 为直播间添加创意的后台界面

右的投放预算，根据视频播放情况决定时会否放大预算限制，出价方面按照系统参考进行测试，寻找出最佳出价性价比。如果是直播切片投放，建议按最高价出价，尽快完成投放计划。

5）投放定向方面，建议莱卡定向和达人定向都选，尤其是达人定向，可以选择对最近15天开播的10~15个达人进行定向，达人定向的行为方面，选择"全选"选项。

6）短视频的创意标签要非常重要，可以针对同行达人的视频关键词进行综合分析，结合直播间的特点，总结和提炼3~5个最具代表性的关键词，注意关键词不能出现营销色彩强烈的关键词，例如爆品、折扣等利益诱导词汇，并注意规避敏感词。

总而言之，抖音直播间流量主要有自然流量、短视频和千川投放3个来源，其中短视频引流如果应用得好，可以有效降低直播间引流成本，撬动自然流量的同时，改善直播间流量的健康度。

最后需要强调的是短视频创意和千川投流，并没有固定统一的打法套路，应当根据实际情况、行业品类、热点话题变化，乃至于抖音平台的规则不断进行摸索，总结一套适合自己直播间的打法套路，这才是万变不离其宗的有效打法。

第二章（Day8~Day14） 直播间起号阶段

Day11 直播间开播测试

一、每日任务清单

直播间开播测试全流程如图2-12所示。

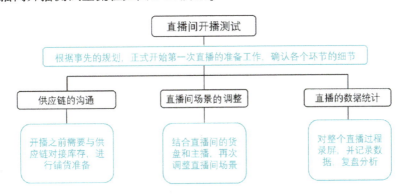

图2-12 直播间开播测试全流程

二、洁洁创业日记：首次开播的任务是团队磨合

8月10号，星期三，天气阴。

今天的天气不太好，阴天但未下雨，丝毫没有即将迎来首秀的团队的热情，白天我们又进行了直播的彩排，并且初定今晚21：30准时开播。

"我还是很紧张，怎么办？我要再看一遍回放，大家帮我一起看看有什么问题"。眼看着时间越来越靠近21点，我开始有些焦躁。

"没事，洁洁，放轻松，按照之前排练的来，我在旁边副播，如果你不知道说什么，我就在旁边帮你。"阿旭在旁边鼓励我，虽然她也是第一次出境做副播，但好歹在直播间里历练过半年，此刻阿旭就是我的依仗和精神支柱。

"快，还有7分钟，赶紧将账号分享一下，让身边亲朋好友都来给我捧场，我也分享到家人群，让我七大姑八大姨都来看！"小麦也按捺不住兴奋的心情，她居然忘记了这种强拉亲戚朋友进入直播间，不仅贡献不了太多的观看量，还会干扰系统算法对直播间的判定。

晚上21：30，灯火通明的直播间外，一片漆黑和寂静。

"3，2，1，开播！"数据琳发出了正式开播的指令。

"哈喽，直播间的宝宝们，你们好，我是新人主播，刚从韩国留学归来，经营家族的化妆品企业，线下对接了超过 200 家美容院……"我按照人设定位一边介绍自己，一边看着旁边的阿旭，暗示她接下来要回应我。

"是的，宝宝们，进来可以点一下左上角的关注，我们新号开播，福利送不停……"阿旭在旁边附和着我。

15 分钟以后……

"不行了，嗓子受不了了，琳琳，帮我买盒××响声丸吧。"非播音主持专业出身的阿旭首先出现了状况，嗓子有些紧，亢奋 15 分钟之后有些沙哑了。

"上人了，上人了，注意了，再亢奋一些。""直男"鸿哥作为我们的运营，看着巨量百应的实时大屏，及时地提醒着我们。

22：30，开播一个小时以后……

"宝宝们，看这个精华液十件套，线下美容院卖 2000 元一套，今天我直播间 125 元，给不给力！要不要买回去？"我依然保持着高昂战斗精神。

"助理，看看我们还有多少库存？"我向中控和场控喊话。虽说在线人数保持在 80 人左右，但始终没有成交，为了催促成单我采用了话术技巧。

居然无人理会……

"我们的 2 号链接还有多少库存？"我加大了声量，并且转头看向了小麦。

"啊，还有……还……还有 8 个库存！"小麦终于反应过来，大声地回复着。

"有没有宝宝脸色比较暗沉无光……大家看这个精华液，哇，好黏稠啊……"我还没讲述完，阿旭则直接对着镜头将精华液挤在手上，按照自己的想法讲解起来，看样子阿旭也着急了，开始抢话了。

开播之后一个半小时，直播间各个岗位的配合开始出现混乱，我跟阿旭之间开始频繁出现抢话、插话的问题，小麦和鸿哥对于我们两个主播的话术运用回应不够及时，中控小麦放单也不积极，甚至不放单或者放错单。

就这样，万众期待的直播首秀，仅仅持续了 2 个小时便匆匆下播了。下播之后我们团队打起精神，简单复盘了一下，整体场观 800 人左右，实时在线高峰人数 30 人，成交只有两单，其中有一单还是自己人下的单（为了避免冷场）。

"从首播的总体场观来看，我们今天的首秀还不错，新直播间开播能够有 600 人以上的总场观已经算是合格了，就是成交数据不理想，除了主播话术的问题以外，大概率是咱们的货盘不合格，需要调整产品。"阿旭结合数据琳给的数据，最后为我们的复盘分析会做了总结陈词。

经历了首次实战的我，终于认识到直播电商的不容易，精密的环节配合、复杂的数据分析、话术和直播间玩法的运用，当然最主要是产品具有足够的杀伤力，这些问题通过今晚的首秀都让我们遇到了，但我同样坚信万事开头难，既然找到了问题之所在，之后加以认真更改，这个直播间一定会越来越好的！

开播首秀就这样结束了，加油，明天！

三、深度课堂

本期深度课堂的具体知识内容如下所述。

（一）什么是铺货？开播前为什么要准备铺货？

铺货其实就是为了实现直播销售的顺利发货，提前与供应链（或者负责供应链的同事）沟通直播间销售产品的清单，以及查阅这些货品的库存情况，以免某些产品被销售之后无法按时发货。简单而言，产品在直播间上了链接，并不意味着可以直接开卖，还需要和负责管理库存和物流的同事提前沟通发货的问题，这就是铺货要解决的问题。

铺货沟通的关键是两个：确保上链接的产品是有库存的，不会出现销售之后，无货可发的情况；另一方面，沟通供应链的物流发货，确保产品能够尽快发货，在24小时内发货最佳，延迟发货会导致系统算法对抖音店铺降级处理。

（二）正式开播前，直播间需要进行哪些调整？

新直播间在正式开播之前，需要再一次检查直播间的各个方面，发现问题并针对性地进行调整，有可能出现的问题如下所述。

1. 场地的隔音问题

直播前需要测试场地的隔音和回音情况，如果隔音不好或者回音太重，都会影响直播的正常进行，尤其是直播间间隔很近的情况下，良好的隔音可以规避相邻直播间不能同时开播的难题，因为抖音直播间相对其他平台的直播间而言，"噪音"还是较大的。

2. 主播的站位调整

主播站在对角线上，可以使画面得到很好的纵深与立体效果，画面中的线条还可以吸引人的视线，让画面看起来更加动感有活力，达到突出主体的效果。此外，我们可以在主播的背后增加物品的摆放（沙发、衣架、模特），这样整个直播间画面就会被切割成前中后三个部分，增加了直播间的空间纵深感。

3. 直播间背景的调整

直播间最好以浅色纯色背景墙为主，以简洁、大方、明亮为基础，不能过于混乱和花哨，因为杂乱的背景容易使人反感。直播间的背景建议以灰色系为主，灰色系比较简约，可以和其他任何色彩搭配，灰色也是摄像头最适合的背景色，视觉舒适，有利于突出服装、妆容或者产品的颜色。

4. 直播间的灯光调整

灯光是直播间最终呈现效果的重要组成因素，灯光打得好出来的整体效果会增色不少。在绝大多数时候，"主灯+补光灯"其实已经足够，直播间不是摄影棚，只需要将主播和产品展示得足够清晰明亮就可以了。此外，我们需要对比直播画面，调整灯光的色温，达到更好凸显产品色彩和质感的目的。

5. 直播和网络设备测试

直播设备通常两种选择方案：摄像头和手机，如果是手机设备的话，需要考虑在手机背面贴上散热风扇，避免长时间录影导致的手机过热。除此之外，还需要考虑手机直播的同时，保持充电的问题，这是确保直播正常的基础配备。

直播间的网络信号非常关键，通常电脑设备都是采用有线网络，直播手机采用无线 WiFi 连接，但一定要确保多台设备的网速以及网络的稳定性。如果是室外的直播间，需要考虑手机网络信号的稳定问题，必要时可以考虑加上信号放大器，确保网络畅通。

（三）直播间流量来源分为几个部分？ 什么是流量健康度？

前面我们提到，直播间的流量来源有三个类别：自然流量、付费流量和其他流量。自然流量的来源中，一部分是关注流量，即已经关注你的用户所产生的流量。另外一部分是短视频流量，通过预热短视频或者直播间账号日常发布的视频，引入直播间的流量。

直播间的付费流量，主要来自于千川投放，通过制订千川投放计划，主动获取符合直播间预期的精准流量，提升直播间的销售产出。付费流量最大的问题是增加了直播间的运营成本，导致卖多亏多的情况出现，因此我们应当理性看到付费流量，除非是打爆品需要将付费流量作为主力，长期运营且带有人设的直播间，对于付费引流往往经过精心的计算，追求的是直播间的 ROI，不可盲目投入大量的引流费用。

除了以上流量类型外，直播间的流量还有其他流量的来源，包括个人主页、搜索、订单中心等来源的流量。

直播间为什么需要考虑流量的健康度？两个方面的原因：一方面是为了控制直播间的引流成本，防止过于依赖付费流量，除非是打爆品的直播间，90%以上的流量来自于付费流量；另一方面保持3：3：3的流量健康度，即以上三个流量来源各自占比30%左右，也是为了抖音系统算法的评估，抖音除了有销售平台流量的原始冲动，还是希望直播间能够出产好的内容，避免抖音平台过于商业化和广告化。

（四）新号开播，抖音算法推荐流量的逻辑是什么？

人们经常听到这样一种说法：新号在抖音开播，抖音会推一波儿自然流量，看新号的直播间能不能接得住，以此决定会不会再继续给新的直播间流量。

实际上，这样的说法确实有道理，但并不全面，抖音对于一个新号开播的判断同样没有那么简单，如图 2-13 所示。接下来我们将深度剖析抖音流量算法的底层逻辑，只有理解了这层逻辑，无论新号或者旧号，在我们制订运营策略的时候才能做到有的放矢。

图 2-13　抖音直播间流量推荐底层逻辑

在解析图 2-13 之前，我们首先需要明白一个基本的事实：抖音的流量推荐是以系统为核心的"黑箱机制"，这套机制本质上是一套程序学习算法，具备不断自我学习和提升的能力，而且这套算法经过了大量直播间的训练，已经变得无比复杂，充满了不可预知性，因此我们经常说直播间的运营会遭遇到"玄学"因素，指的就是抖音的推流算法中说不清道不明的因素。

直播间运营中的"玄学"因素姑且不提，我们带领大家寻找那些具有确定性的因素，一共有 3 个方面的总结，抖音系统算法是按照两个大类：内容标签和商业价值，来判断一个直播间是否具有推送流量的价值。

1. 内容标签

抖音系统算法在推荐流量的时候，需要从内容垂直度、原创度和优质度三个方面识别直播间，其中内容垂直度是为了给直播间打标签，以便算法精准推送流量；原创度是抖音作为短视频 UGC/PGC 平台，平台 DNA 就是优质短视频内容的生产和分发；优质度体现了直播间的内容能否实现良好的数据表现，例如点击进入直播间、停留时长等，这些数据反映了一个直播间的流量黏性。

起号阶段的直播间，需要通过直播间的人设定位、特色内容输出等尽快搭建模型，这个模型便于抖音系统算法的识别，奠定系统算法推流的精准标签基础。

2. 商业价值

直播间仅有内容标签是不够的，抖音属于内容电商，重点不仅有内容，更有电商的意义：直播间的停留、互动和转化数据构成了直播间的商业价值，这是抖音直播电商的本质，即抖音系统算法不会为没有商业价值的直播间接入流量。

从实践角度来看，抖音系统算法为了测试某个直播间是否具有商业价值，会在这个直播间开播之后15~20分钟左右推一波儿流量，例如500人左右，然后评估这波儿流量的商业转化，核心指标当然是成单数据。如果这波流量的转化效果良好，系统算法就会加大推流，例如推2000人左右的流量进直播间，再次进行测试，如此循环，直到流量的转化效果下降，系统算法停止为直播间流量推送。

3. 承接与转化

当我们明确了以上两点之后，得到的启示有两个：承接与转化，通过流量商业价值转化实现直播间的流量承接。一个直播间无论新旧，承接流量的关键是直播间的运营团队精密度协调，包括货盘、话术、打法、引流等要素，将进入直播间的流量最大化进行销售转化，实现流量的商业价值。

（五）什么是泛流量？如何保障直播间流量的精准度？

通常新直播间由于标签模型尚未建立，抖音系统算法推送的流量以泛流量居多。那么，什么是泛流量呢？即不精准的流量，这种流量很大可能与直播间不匹配，此类流量的销售转化效果并不好，这是正常现象。

既然泛流量的商业价值不高，那么我们如何为直播间吸引来精准流量呢？图2-14所示为通过短视频或千川投流改善直播间流量的精准度。

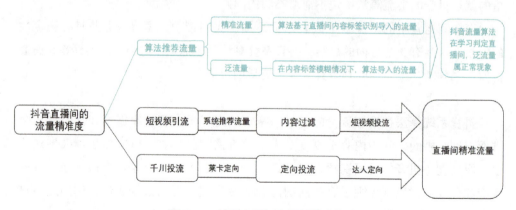

图2-14 抖音直播间流量的精准度

图 2-14 中的算法推荐流量,属于系统给予直播间的"自然流量",这部分流量的精准度就看直播间的标签模型是否精准。此外,还可以通过短视频和千川投放改善流量的精准度,其中短视频引流属于自然流量和付费流量的融合体,如果短视频投放之后没有付费推广,这种引流方式也属于自然流量,如果付费推广了短视频,短视频引流的精准度与千川的直播间直投一样具备了可操控性,可以通过莱卡定向和达人定向等一系列参数的搭配组合,尽量精准地为直播间引流。

关于直播间的付费引流,是通过千川或随心推实现,二者的区别可以简单理解为千川是 PC 端,随心推是手机端;千川是完整版,随心推是简化版。此外,如果直播间的情况不佳(情况比较复杂,后面我们会展开分析),即便制订了千川投放计划,也不一定能够把投放预算花出去,以上这些情况在行业内称之为千川计划的"烧得动"和"烧不动",如图 2-15 所示。如果一条千川计划"烧不动"就需要调整这条计划,或者直接删除这条计划。通常直播间负责千川投放的投手会为一场直播制订几条,甚至十几条计划,同时开启或者根据直播间数据的情况,随时开启或关闭,为直播间获得最高性价比的精准引流。

图 2-15　千川投放引流计划

Day12　复盘分析

一、每日任务清单

直播复盘分析所涉及的内容如图 2-16 所示。

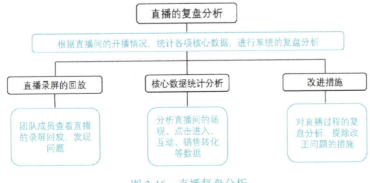

图 2-16　直播复盘分析

二、洁洁创业日记：省略复盘分析的团队不是好团队

8月11号，星期四，天气晴。

今天是直播首秀的第二天，一大早我们聚集在直播间召开完整的复盘分析会，上午打算详细分析直播首秀不够理想的原因。

"我觉得阿旭作为副播，总是抢我的话，而且对于产品的介绍都没有按照提前准备的脚本，全靠自己发挥，直播间的流量我们根本接不住！"我首先发言，说出了自己直观感受，主播和副播的配合太缺乏默契了。

"的确是个问题，我昨天看到成交数据不够理想，也是有点着急了，想要赶紧促成单，我们两个主播下午再好好演练一下，这个问题容易解决。"一贯冷静的阿旭进行了一番自我批评，而且提出了解决方案。

"还有啊，小麦，你作为一个中控，昨天完全不在线，配合不积极，你在想什么呢？"一向沉默寡言的鸿哥也开始发表观点。

"昨天看到直播间的流量比较少，成交也没有，就有点在走神了，对不起！"乖巧的小麦赶紧做自我检讨。

"从直播间的数据分析，我们的流量不算差，尤其是作为新直播间而言，停留时长达到了58秒，这个数据也是合格的，我认为问题主要出在货盘上，尤其是引流款不够有吸引力，达不到留人和促进转化的目的。"数据琳毕竟是玩数据的，似乎看到了问题的本质。

"嗯，我们的货盘是需要调整，不用准备太多的货品，来回切款导致我和洁洁的配合比较混乱，我们不能贪多嚼不烂，货盘可以精简一下。"阿旭沉思了一会儿，认同数据琳的观点，并且接着说道："我们可以在引流款和福利款上下功夫，争取更多的成单转化，毕竟成单数在系统算法看来，最能够体现直播间的商业价值。"

"我昨天也问了嘉美洛有限公司的专业运营员，他们也建议我们优化福利款，如果福利款好卖就直接卖福利款，不用考虑切利润款，反正前期需要更多的成单数据。"我也想起了早上和公司运营人员的聊天成果，赶紧补充道。

接下来，我们从直播间吸引力、流量曲线、产品点击率和成单销售四个维度进行分析，全面而深入地回顾了昨天直播首秀的情况。

从我们直播间吸引力来看，"最高在线人数"和"平均停留时长"基本是合格的，但是"新增粉丝数量""评论人数""互动率"几乎为零，这是比较令人头疼的，目前没有想到很好的解决方法。

从直播间销售来看，两个成单，销售额20元，实在是微不足道，我们本来也没有抱很高的预期，但是这个成交数据确实太低了，有点打击团队的信心。

关于直播间的引流，首播没有投流，完全依靠平台的推流，虽然整体场观不错，但显然是泛流量居多，因此直播间的互动和销售转化不好。

"建议咱们为了增加起号成功的概率，还是两个号同时测试，一个阿旭的香水账号，一个洁洁的美妆账号，内部来个赛马机制，看哪个账号能够起号成功。"数据琳给出了最为冷静和客观的建议，并且获得大家的一致同意。

"等下会议结束之后，小麦和数据琳、鸿哥去优化选品，我和阿旭再演练一下配合，同时看看备用的香水号如何布置直播间，今天晚上就不直播了，调整完成再测试账号吧。"我作为团队负责人开始总结并做出了下一步的工作安排。

整整一个下午，我和阿旭针对相互之间的配合，以及阿旭的香水号进行了充分的演练与沟通，希望我们的下一场直播能够获得更好的成绩！明天加油！

三、深度课堂

本期深度课堂的具体知识内容如下所述。

（一）直播间都需要复盘吗？多久复盘一次？

所有的直播间理论上，都需要进行复盘分析，尤其是不太成熟的直播间，更是需要在每一场直播结束之后，进行以详细数据为基础的复盘分析，找到数据不理想的原因，并且针对下一场直播提出优化解决的方法。

为什么成熟度比较高的直播间也需要进行复盘分析呢？主要的原因是抖音算法无时无刻不在进化和调整，而且平台规则也会不定期更新，通常2~3个月就会有一次较大的更新，这些都会导致成熟稳定的直播间产生波动，因此复盘分析是一个动态持续的工作，并不是一蹴而就的。

不仅如此，直播间的人员团队、货盘和引流策略的调整，都会影响直播间的关键数据表现和销售产出，因此即便是成熟度很高的直播间，也需要进行复盘分析，只不过复盘分析的频率可以比较低。由此又引发一个新问题，多久复盘分析一次呢？毕竟复盘分析费神费力，加之直播过程本身又是高强度的工作，一般团队都会对复盘分析抱着能省则省的态度。

通常新手直播间每一场直播间结束之后，运营（人员）会带领大家进行复盘分析，每一场复盘分析大概是30分钟到1个小时左右，具体看当天的直播出现问题的情况。而对于成熟的直播间，通常以每周为一个单位进行复盘分析，这样便于累积更加丰富的数据素材。当然除了周次的复盘，也会有月度的复盘，月度的复盘分析解决的是直播间运营的深层次问题，通常不涉及直播间日常运营的策略调整。

（二）复盘之后的优化措施有哪些？

复盘分析后的直播间优化策略分为三个方面，分别是：直播间调整、引流策略调整和客服售后调整，如图 2-17 所示。

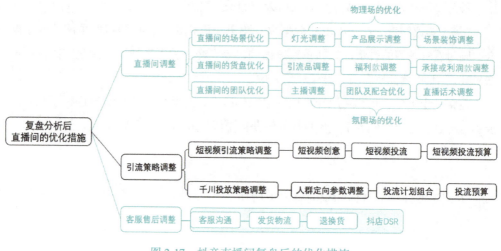

图 2-17　抖音直播间复盘后的优化措施

1. 直播间调整

当直播间的关键数据表现不好的时候，我们首先应当想到的是直播间本身的运营出现了问题，需要对直播间如下 3 个要素进行优化调整。

（1）直播间的场景优化

直播间的场景优化涉及灯光的调整、产品展示方式或产品展示架的调整、场景装饰布局的调整等方面，在直播电商竞争激烈的今天，富有个性和吸睛的直播间场景对于加强引流效果、增加场观、停留时长和互动率具有关键的价值，因此无论是新号开播还是成熟的直播间，都可以不定期调整直播间的场景，测试不同场景的效果。

（2）直播间的货盘优化

货盘是实现直播间盈利的关键，一旦通过复盘分析发现点击小黄车比例或者转化不够好，首要分析的就是货盘是否出了问题，除了用来拉流量的引流或福利款之外，还需分析承接款和利润款，也称之主推款和次推款，检视产品的利益点和性价比是否足够刺激转化。从洁洁团队的情况来看，直播间的引流款和福利款吸引力不够，而且新号开播的货盘复杂，来回切款导致主播话术效果不理想。

（3）直播间的团队优化

复盘分析非常重要的内容是观看直播录屏，尤其是对于初创团队而言，通过回看视频分析主播、副播的配合表现，调整话术，同时检查整个团队的配合默契程度，如有明显问题就需要调整人员岗位，例如主播、场控和运营这三个关键岗位。

2. 引流策略的调整

引流策略是直播间优化调整的重点，除非是在抖音玩自然流量的直播间，否则必须坚信大部分的直播间流量，无论是泛流量还是精准流量都是通过付费投流得到的，一个直播间在商业价值上表现不佳，排除了直播间场景搭建和货盘、主播的问题之后，剩下的原因大概率是千川的投流策略出现了问题。

（1）短视频引流策略调整

抖音直播间的流量两大流量来源就是短视频引流和千川投放引流，在团队配备可负担的情况下，最好将短视频引流重视起来。这部分的调整非常简单，短视频引流效果不佳，首当其冲的是内容不行，播放率、评论和转发数据不佳，为直播间引流效果自然不好。此外，短视频也是需要通过千川或DOU+投流的，即便是爆款创意内容也需要投流放大引流效果，因此短视频引流策略还需要检讨千川的短视频投流的人群定向策略是否出现了问题，以及是否投流的预算不足。

（2）千川投放策略的调整

千川的投流策略是一个非常复杂的问题，我们将在下一个章节详细说明。概括而言，千川的投流三要素：人群定向、投放计划组合和预算，尤其是投放计划组合，在基本确定精准的人群包特征以后，为每一场直播建立的十几套投放计划组合就非常关键了，这不仅要求投放计划的有效性，更要求投放计划按照直播间不同情况而设立的组合预案，以便于当直播间出现某种情况后，迅速开启相应的投放计划。从复盘分析之后的调整来看，如果直播间的三个核心数据（停留、互动、转化）表现不佳，投放计划必然要做出调整，使得人群定向更加精准，同时还要进行投放的预算调整。

关于引流策略调整，大家一定要记住，不存在通行于不同直播间和不同行业品类的投流策略或者规律。换句话说，哪怕是成功的同品类直播间的投流策略都是不可复制的，每一套打法都需要结合自己的直播间进行不断测试和调整，才能摸索出一定时期内的投流策略，注意是一定时期内，而不是一劳永逸的打法，因为你的竞争对手在不断出现，抖音的游戏规则在不断调整，抖音系统算法在不断学习和进化。

3. 客服售后调整

如果直播间有比较成规模的销售，那么影响直播间稳定持续运营的因素，还包括抖音小店的运营，容易出问题的是产品的后续咨询、发货速度和退换货，这些因素会影响抖音小店的 DSR 评分，即口碑分，如果分数低于 4.6，就非常影响用户的下单率了，通常我们需要保持在 4.86 分以上才算合格。

此外，抖音平台对于订单的发货时间是有限制的，超出了承诺时间不发货会被扣分，甚至扣保证金。目前抖音对于发货时间设定了 2 天、3 天、5 天、7 天、10 天和 15 天等限制，具体可以参考抖音平台的规则说明。

最后是退换货的问题，由于观看直播进行购物具有冲动消费特性，直播间销售产品的退换货比例相当高，行业普遍退货率在 30% 左右，有些品类甚至会到 50% 以上，因此抖音小店的客服和售后会遇到比较多的退换货问题，如果处理不当也会影响小店的评分。

Day13　千川投流工具的使用技巧

一、每日任务清单

千川投流工具所涉及的使用技巧如图 2-18 所示。

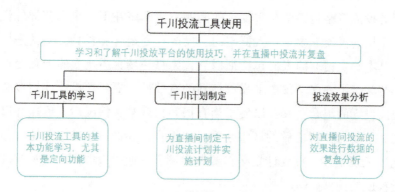

图 2-18　千川投流工具使用技巧

二、洁洁创业日记：千川投流是直播间运营的必备技巧

8 月 12 号，星期五，天气晴。

今天是个好天气，经过昨天的复盘分析和调整，小伙伴儿的情绪明显高涨，货盘也重新做了调整，我和阿旭的话术演练更加纯熟了，最重要的是我们决定划出一些投

流的预算,可以尝试付费流量的运用,这些因素加在一起,让我们对于今晚的第二场直播信心满满,充满了挑战的欲望。

"洁洁,我觉得今晚的开播时间还是调整一下,不要定在21:30,再晚一点,建议22:00开播吧。"主力运营鸿哥看到大家都聚齐了,认真地提出了建议。

"鸿哥是觉得我们新手开播,在流量的黄金时段难以抢到流量,想要错开黄金时段,对吗?"阿旭略微思考之后,似乎明白了鸿哥的意思。

"的确如此,我们直播间本身的模型没有打造出来,系统算法不会给我们基本的关注,如果就这么硬和成熟直播间抢流量,难度实在太大,要知道美妆直播间的流量竞争早就是红海了,流量竞争非常激烈。"数据琳也认同鸿哥的观点,"但凡在这个时段有达人主播,甚至明星主播开播,我们即便是付费也买不到精准流量。"

"实际上,我们的测号也包括测时间段,找出直播间的适合开播时段。"阿旭也认同鸿哥和数据琳的说法。

最终我们决定22:30开播,将原计划的开播时间推迟了整整一个小时,看看这个时段的直播间流量情况到底如何。

"琳琳,提前有没有做千川计划,我们这次投流的预算很少,大概是300元。"距离正式开播还有30分钟,我走到数据琳的身边,看着她的电脑说道。

"这点预算就不用千川了,我等下看直播间的数据情况,直接用随心推投放。"数据琳对于300元的投流预算有些意见,觉得没有发挥她投流的价值,虽然对于千川而言,她也是个新手。

"那就用小店随心推吧,低消,操作也比较简易,但可能没千川那么专业,没有太多选项,有点傻瓜式投放的意思。"阿旭果然还是那个有经验的最终拍板人。

随心推的投放效果还是不错的,整体场观上升了30%以上,达到了1000人,主要的原因是我们用随心推花了300元的预算投了直播间人气。而且今天最大的收获是团队的配合熟练了很多,改进后的货盘初现威力,起码点击商品链接的数据有了很大的提升,但成单仅仅4单,而且互动数据也没有太大的改善。

我们决定在下一场直播中加大付费引流的预算,并且通过千川投放,让琳琳研究很久千川投放技巧得到实战的检验,这也是琳琳梦寐以求的事。

三、深度课堂

本期深度课堂的具体知识内容如下所述。

(一)引流必须要付费流量吗? 依靠自然流量能否生存?

答案是不一定非要付费流量,通过自然流量也是可以运营直播间的,而且同样可以实现直播间的盈利，从某种意义而言，自然流量直播间的盈利难度更小，因为少了直播间运营成本中最大的部分——投流成本。

自然流量是抖音系统算法为了测试直播间的商业转化价值而导入的流量，如果恰好这波儿自然流量能够被接住，产生了不错的转化，算法会继续给直播间推荐流量，这些就是直播间所依赖的自然流量。依靠自然流量的直播间，之所以能够有一定规模的场观和销售盈利，主要依靠两点：一方面，直播间的产品非常具有吸引力，通常是功能概念创新较强，或者极具性价比的产品，又或者是知名品牌的产品，产品解决了直播间吸引点击和停留；另一方面，自然流量的直播间对于主播的话术以及运营的要求较高，能够将不甚精准的自然流量做出有效的销售转化，这非常考验主播承接流量的能力。

依靠自然流量的最大挑战是流量不稳定，不同场次的直播间场观和人气波动较大，这些自然流量无法实现稳定的销售规模。为什么会这样呢？自然流量的直播间生命周期不确定，当自然流量直播间实现盈利的时候，系统算法会判定这个直播间是自然流量账号，出于抖音通过售卖流量盈利的本质，系统算法对于自然流量的直播间进行了某种限制，导致自然流量直播间在某一时刻 GMV 迎来断崖式下降，这个自然流量的直播间到了生命周期的最后时刻，因此自然流量直播间都是矩阵式的，哪怕是同一个品牌也储备着几个直播间，随时更换主力直播间。

（二）什么是千川？千川投流的基本逻辑是什么？

千川是抖音电商的投流平台，可以用于短视频和直播间的引流投放。千川是一个比较复杂的系统，可以通过比较复杂的参数调节，为直播间的每一场直播定制个性化的投放计划。所谓千川计划就是在一定预算基础上，一系列投放参数的组合计划。通常一个直播间可以同时运作几个甚至十几个千川计划，看哪一个计划可以跑得动以及跑得好，这意味着有些投放计划可能失效，即便有钱也花不出去。

千川工具分为极速版和专业版，洁洁团队中用的随心推可以看作是千川的简化移动端，可以用手机操作投流计划。在一个直播间运营团队中，操作千川投流人员被称为"投手"，这是一个颇具含金量的岗位，优秀的投手几乎决定了直播间投流操作的 ROI，这样的投手需要百万或千万级资金的投放经验才能训练出来的。

千川投流的基本逻辑是什么？图 2-19 所示为制订千川计划的参数体系。

1. 直播间人群包

直播间投流做到精准引流的关键是精确地锁定直播间的人群包。什么是人群包？人群包就是直播间所瞄准的潜在消费者的性别、年龄、收入、地域以及购买

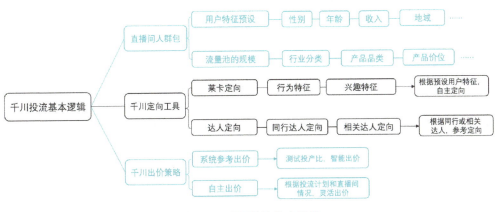

图 2-19 千川投流基本逻辑

习惯等特征,这些会用于将来的千川莱卡定向,让投流引来的流量足够符合直播间的预设人群包特征。

千川投手之所以能够精准投流,很大程度是摸索出了适合特定直播间的人群包,这个人群包是需要不断测试才能得出的,而且人群包也会随着品类的变化和时间的推移而发生变化,并不是固定的。所以假设某个投手擅长投美妆直播间,但这个投手不一定也擅长投服装直播间,因为品类换了,人群包也就不同了。

2. 千川定向工具

千川为了实现精准引流,可以通过系统推荐或者自定义的方式进行定向投放。定向包括两个大类:莱卡定向和达人定向,两种方式的千川选择界面如图 2-20 所示。

图 2-20 千川莱卡定向和达人定向

莱卡定向包括行为和兴趣两个维度，通过莱卡定向的丰富选项可以尽量精确地描述我们想要引流的人群特征，例如可以选择近 15 天或者一段时间内，具有某些行为特征或兴趣特征的抖音用户，这些特征可以精确到这些用户在直播间的关注、互动、点击小黄车和下单等行为特征。兴趣标签可以选择跟直播间品类相关的关键词，例如美妆、减肥、珠宝等，这些兴趣标签的选择同样可以让投流操作更加精准。

如果担心莱卡定向获得用户精准度偏差较大，可以选择使用达人定向，选择同行直播间或者相关品类直播间作为对标，抖音算法按照想要的行为标签，例如关注、停留、互动、点击小黄车和下单，从这些对标直播间的粉丝群体中为我们引流，等于为精准引流多加了一层保险，从竞争对手直播间流量中截流一部分到自己的直播间，这样就降低了莱卡定向不准带来的风向问题。

在千川定向工具的实操中，可以选择莱卡或者达人定向中的一项，也可以两种定向方法同时运用，力图让引流更加精准，但同时也会缩小系统为我们锁定的影响人群范围，导致整体的流量池规模降低。

3. 千川出价策略

千川的出价有如下两种方式。

（1）系统给出的出价参考

系统给出的参考价格是系统在统计同品类直播间出价大数据基础上的测算值，千川显示的是一个出价范围，我们可以在这个范围内选择具体的出价。通常处于成长阶段的直播间或者不熟悉品类竞价的情况下，会选择系统的出价建议。

（2）自定义出价

自定义出价是由投手根据直播的产品品类、直播间所处的阶段、直播间流量的变化等情况，自由决定的出价。需要提醒的是，有时候投手给出的价格，背离了产品的毛利可承受原则，直接将出价拉到最高，这种情况往往是为了拉直播间流量，而非考虑成单销售的盈利。通常我们选择出价策略，为直播间商品售价的三分之一或者四分之一，当然这并不是绝对的，只是大概率这种出价不会导致销售亏损。

总结来看，千川投流的底层逻辑就是通过各种定向工具的使用，以及一定的预算消耗和出价策略，为直播间导入精准的付费流量，直播间只有在足够精准流量的前提下，才能实现我们期待的销售转化。

（三）制订千川计划需要考虑哪些因素？

直播间千川计划的制订非常复杂多变，基本上没有一种可以适用于所有情况的千川计划，甚至上一场表现优秀的计划，到了本场直播也许就会失效，因为同行直播间的开播情况也在变化，系统流量池也在随时发生变化，那么我们在制订千川计划时，需要考虑哪些关键因素呢？直播间千川计划的制订主要从3个类别进行关键参考，如图2-21所示。

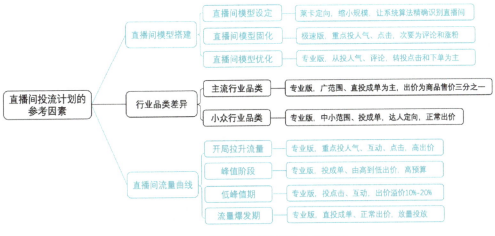

图 2-21　直播间投流计划的参考因素

1. 直播间模型搭建

直播间模型搭建可以细分为如下三个步骤。

第一个步骤是直播间模型设定，是为了解决直播间在抖音算法中的精准标签问题，根据直播间设定的初步预想，通过莱卡定向，缩小覆盖人群，让系统算法尽快精准识别直播间，即尽快完成直播间模型搭建。

第二个步骤是直播间模型固化，解决的是直播间的关键数据拉升，极速版，重点投放人气和点击，次要投放为评论互动和涨粉，通过这些数据的优化，有助于让系统的算法认定直播间为优质直播间，为打开流量上升通道奠定基础。

第三个步骤是直播间模型优化。把投放目的锁定为点击和下单为主，即体现直播间的商业价值，这是系统算法对直播间的关键考核，结合前面两个阶段的数据，基本上直播间可以通过系统算法的考核，具备了盈利直播间的基础。

需要说明的是，针对直播间模型搭建的三个阶段的投放策略，不同阶段的投放数据有所侧重，尤其是第三个阶段主要以投点击和下单为主，但并不是说人气、评论互动和增加粉数据可以不投了，这些数据是实现点击和下单的基础，从这个意义而言，直播间模型搭建的三个阶段的投放预算应当是逐步增加的，金额增加情况要根据不同的行业品类和运营团队拥有的资金预算来确定。

2. 行业品类差异

不同品类在抖音平台的流量池规模本身存在差异，而且品类不同，直播间打法也不同，这些都会影响投流计划的具体制订。如果是主流品类，以广范围投放为主，触达人群基本上在 1000 万~5000 万之间，定向工具是莱卡定向或莱卡与达人的结合，如果直播间的流量到了高峰期或者爆发期，以投成单为主，出价测试或者以产品售价三分之一为基准。如果是小众品类，以中小范围为准，触达人群在 100 万~200 万，定向工具为达人定向为主，直投订单为主，具体也需要根据直播间的流量曲线变化灵活调整，出价策略可以从高到低进行测试，或者选择正常出价看看转化效果。

需要强调的是，不存在包治百病的通用投放策略，无论是品类的差异，还是直播间所处不同阶段的，以及直播间即时流量的变化，即便是以上条件都相同，还需要考虑抖音流量算法的实时变化，针对特定直播间的有效投流计划必须是通过不断测试且随时处于调整的状态中。

3. 直播间流量曲线

从操作层面来看，千川投流计划一共分为两种：一种是提前制订的投流计划，根据对直播间流量变化情况的预估，制订投流计划，择机启动或者一次性启动多个计划，根据计划的执行情况灵活调整；另一种是直播过程中，根据流量的具体情况，以及某些计划"跑不动"的前提下，临时制订新的计划或者调整计划。

（四）千川付费引流只是为直播间购买流量吗？

答案是否定的，千川带来的付费流量并不是直播间引流的全部，实际上，所有的千川投流计划都是为了"撬动"直播间的流量曲线，即通过付费流量撬动自然流量，付费流量只是手段，不是最终目的，否则会导致进入直播间的流量成本无法承受，难以实现直播间的盈利目标。毕竟抖音平台在用户规模达到了天花板之后，随着竞争的日益加剧，流量的成本必然是升高的，如果一个直播间都是依靠付费流量，其盈利的难度可想而知。

付费流量撬动自然流量的原理是什么？简单来说就是做任务，完成系统算法对直播间数据考核的任务，只有完成了任务，系统算法才会认为当前是优质直播间，进而为这个直播间打开流量池天花板，加大对直播间的引流，同时通过做任务也让系统算法"学习"到了直播间的精准标签，奠定为直播间精准引流的基础。如何通过千川做任务，做什么任务才能满足系统算法的考核？我们在后面的章节中会有详细的解读，此不赘述。

Day14 测号与起号结束

一、每日任务清单

测号与起号的具体流程如图2-22所示。

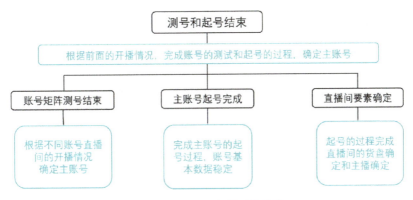

图2-22 测号和起号具体流程

二、洁洁创业日记：从美妆号到香水号的测号过程

8月13号，星期六，天气雷阵雨。

"今晚的开播对于我们而言，格外具有意义，因为阿旭的香水号今天是首播，大家鼓掌欢迎。"在一大早的会议上，我说出了大家近两天准备的成果。

"没错，为了让我们起号的成功概率加大，在团队可负担的前提下，我们增加了一个直播间，以阿旭个人兴趣——香水为品类，今天上午将完成最后的选品，就可以正式开播首秀了。"鸿哥接上我的话，开始给大家汇报情况。鸿哥现在对于供应链管理已经驾轻就熟了，未来的团队分工中有可能让鸿哥专门负责供应链的对接。

为了错开杰西卡的美妆号开播时段，我们决定把香水号放在下午15：30开播，正好是接近下午茶的时间，同时也为了错开其他对标香水直播间的开播时间。在阿旭香水号的直播中，我和阿旭的位置对调，阿旭是主播，我变成了副播。

下午17：30，持续两个小时的香水号直播结束了。

"哇！好开心啊！阿旭这个香水号今天总场观500多，成交金额有90元，感觉有希望啊。"小麦看着香水账号的数据突然惊喜地大叫着，"关键是我们完全没有投流，首秀就有还算不错的成交。"

经过了简单的复盘，我们发现香水号在这个时段具有优势，但我们的选品不够给力，成单的都是福利款，利润款的成交为零，停留时长和互动还有提升空间，主副播的配合度还算可以，毕竟经过了 2 场美妆号的直播，只是我对于香水产品知识积累不够，卖点领会和认识不够深入。

"大家准备一下，晚上 22：30，杰西卡准时开播。"阿旭也难掩兴奋之情，但还是发出了下一步的工作指令。

杰西卡的直播持续到了 24：30，从数据来看起色不大，总场观始终在 1000 人左右，实时在线人数在 30 人左右，成交在 2~3 单，GMV 没有超过 60 元。

"我决定了，我们转换思路，把香水号作为主推账号，杰西卡备选，开始全力打造香水号吧。"面对杰西卡的复盘数据，我终于下定决心。

"我觉得可以，毕竟团队就这几个人，兼顾两个账号的开播，属实有些应付不过来，不过香水号今天是首播，未来的情况未明，建议两个号同时再播几场，详细对比看看。"数据琳看着电脑屏幕，发表了自己的观点。

"我看行，先不忙着做决定，香水号再播几场看看，杰西卡该如何调整优化，就如何调整，不要轻易放弃。"阿旭比较认同数据琳的看法。

最终，我们保留了两个直播间轮次开播，如果放在同一天开播，对于我们这样的新手直播间而言，工作强度虽大，也算是权宜之计，日播是有必要保障的。

总而言之，今天的工作可以用"失之东隅，收之桑榆"来概括，杰西卡虽然没什么起色，但看起来香水号起来的势头不错，总算为创业成功多加了一层保障。

三、深度课堂

本期深度课堂的具体知识内容如下所述。

（一）测号需要持续多久？ 如何判断起号成功？

测号多久才能判定起号成功呢？实际上行业中并没有固定的标准，作为直播电商的账号而言，通常是以 7 天作为测号和起号的评判周期，通常一个周期内要完整进行 5~6 次的直播，当然也有经验比较成熟的团队，3~4 天可以完成一个账号的测号和起号。

此外，测号持续的时间长短，也和账号的先天基因有关，例如尽量选择背景干净的新账号，同时在不同的账号中发 5 个作品做测试，看看作品播放数据，如果有的账号发布的视频作品播放数据显著较高，则意味着这类账号的先天基因不错，适合于起号。

起号成功的标志主要是两个：场观和 GMV。一个起号成功的直播间总场观应该在1500人次以上,并且场观处于上升的趋势之中,有些品牌直播间的场观可以到1万人次左右,当然这需要一段时间的运营。起号成功的另一项判断标准是GMV,起号成功的直播间单场GMV应该是2000元以上,并且处于上升趋势中。当然2000元的标准是概略,具体要看商品的单价和平均客单价。实际上GMV还可以演化成抖音算法另一个看重的指标:成单数,甚至对于新直播间而言,成单数比GMV更加重要,这意味着抖音算法认为这是一个交易活跃的优质直播间,才会进一步为这个直播间打开流量上升通道,即意味着起号成功。

(二) 哪些方面的因素会导致测号失败?

哪些方面的因素导致测号的失败?其原因可以分为两大类:不确定性原因和确定原因,如图2-23所示。不确定因素中首要是竞争因素,同类行业直播间的动态竞争,导致原本具有差异化竞争力的直播间,变得平庸而缺乏足够的竞争力,实践中来看就是无法预知是否会有创新的同行竞争直播间出现,抢走了流量。不确定性原因还包括说不清道不明的隐性因素,关于这一点前面有所提及。

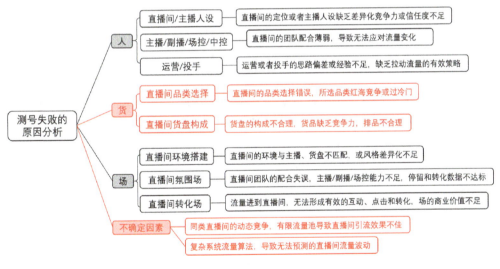

图2-23 测号失败的原因分析

如果抛开系统算法的不确定性,能够决定一个直播间账号测号成功与否的确定性原因,无非就是三个方面:人、货、场的组合。

1. 人

测号首先测的是人,新的主播,新的运营团队,是否具备足够的经验或配合的默契程度,都直接决定了一个直播间账号可否顺利起号,具体包括如下3个方面。

1）直播间/主播的人设是否具有足够的差异化或者信任度不足，粉丝是否愿意相信这种设定。

2）由主播/副播/场控/中控所构成的直播间团队配合出现问题，这种通常是主播/副播的能力占主因，其次才是直播过程中岗位之间的配合不够默契，导致无法接住流量（排除货盘的因素）。其实所谓的测号，也是测人，看团队的核心骨干能不能胜任。

3）人的因素更重要的是运营和投手。运营是整个直播间的统帅，是灵魂人物，能够指挥团队应对直播间出现的各种情况，调度人员和资源，包括直播间的人员运营、供应链、发货。投手在运营的指挥下，负责通过千川为直播间完成抖音算法考核提供流量基础，优秀的投手非常有助于新直播间的精准引流，进而将停留、互动、成单，以及场观数据做上去。

2. 货

从直播间品类的选择，到货盘组建，货品决定了直播间流量的销售转化效率，因此测号也是测货品，货品决定了直播间的商业价值。直播间开播之后，抖音算法推荐的一波流量主要以泛流量为主，甚至是"大头娃娃"，即系统为直播间挂机器粉丝，如果直播间能够产生足够的停留、互动，甚至是交易转化，那么直播间后续的流量就会加大规模，并且越来越精准，因此直播间最终还是看卖货能力，货品不行，一切白费。

货品不仅包括货盘，还包括货盘与直播间话术的结合。如前文所述，货盘包括引流款、福利款、承接款和利润款，其中承接款的利润不高，直播间盈利主要靠利润款。实际上引流款和福利款的价值也至关重要，直播间通过这两个品拉起流量，保持场观和时长，为承接款和利润款转化创造机会，所以货盘的每一个构成都必须各司其职，配合直播间流量变化和主播话术变化，创造一个综合销售转化符合预期的直播间。

3. 场

测号阶段，我们对场的评估包括如下 3 个方面。

（1）物理场

直播间的视觉场景是否符合直播间或主播的人设，是否与品牌或货品相匹配，货品的陈列展示是否合理，如灯光、色彩、软装饰等，这些视觉场景不仅可以体现直播间风格的差异化，也可以增加直播间的停留时长，在直播电商运营日益精细化的今天，直播间物理场搭建的视觉效果不断推陈出新、风格迥异。

（2）氛围场

关于直播间场的测试是氛围场，这是更加关键的因素。氛围场对于销售转化的影响是首要因素，主要是主播和副播的配合，以及场控和中控的搭配，场控与主播、副播一起营造直播间热烈的氛围，尤其是当流量进来之后，而对中控考验的是上架产品、链接和改价的速度，主要拼的是手速。这些岗位紧密无间的配合，才能让直播间的氛围热烈而流畅。

（3）转化场

转化场是一个综合概念，包括了直播间团队的配合、货盘的构成以及投流运营的精准引流，转化场唯一的目的是实现销售转化，需要各个岗位的精准配合，直播间能否接得住流量，进而撬动更大的流量池，关键就是转化场是否可以形成有效的销售转化，这也是抖音流量算法对直播间的"场"最关键的考核。

（三）从行业规律来看，起号需要投入多少钱？

对于直播带货的创业团队或者公司而言，这个问题也许比任何专业问题更为现实，需要投入多少钱才能打造一个盈利的直播间呢？或者通过测号，起一个号需要投入多少钱的预算呢？

我们的答案是：不一而足，但存在行业普遍规律。因为不同的运营团队的水平能力参差不齐，起一个直播间的打法各不相同，例如有些团队擅长零粉暴力起号，依靠自然流量起号，这种方式的资金投入并不高，但对于团队核心成员的经验要求比较高，如果我们把优质团队的成本算进去，即便依靠自然流量起号，忽略投流的资金投入，整个团队的人力资源成本也不低，同样节省不了太多的资金预算。

如果我们忽略行业不同和团队素质差异，在非自然流量起号且启动资金充裕的情况下，起号阶段要预备万元级别的资金预算，注意这个资金预算不含团队的人力资源成本，其中主要消耗资金的是两个方面：投流和测品。投流是起号阶段资金消耗的主要方式；测品主要是组建货盘和测试货盘过程中需要购买样品，以及亏货引流所耗费的资金，当然还有就是货品的快递成本等。

那么从打造一个盈利直播间的整个过程来看，打造一个盈利直播间的全流程，如果说预计1个月的话，通常的资金预算在数万元人民币，这其中同样不含团队的人力资源成本，估计这个预算数字超出了大多数人的认知，尤其是对于打造直播间不甚了解的团队或者企业决策者的认知范围，他们肯定会认为这个费用怎么这么高？这些钱都花在哪里了？除了搭建直播间所需要的硬件投入以外，主要的钱还是花在了起号阶段消耗资金的事情上。一方面是投流的预算，这个部分的预算应该说是"上不封顶",有钱就多投。另一方面是货品的钱,包括购买货品的样品、有可能需要囤点货品,以及最主要的是通过亏货的方式实现引流,这个部分与千川投流一样,也是资金消耗的主要方式。

总结而言,以上对于资金预算的设定,并不是绝对的,我们想通过这些预估的资金预算数字,告诉各位想要创业的团队,或者想要孵化和打造一个盈利直播间的企业、品牌或公司,孵化账号是需要一定规模的投入,是一个复杂的系统工程,并不是装修一个直播间,请一个主播,配上产品,就可以打造一个盈利的直播间,在直播电商日益以精细化运营的今天,那种碰运气的打造直播间的做法非常不可取,其成功的概率也非常低。

第三章
(Day15~Day21)

直播间稳号阶段

从本章开始，我们打造盈利直播间的进程进入到了另一个环节：稳号阶段。行业内对于稳号阶段的重要性说法不一，但笔者团队认为稳号阶段是有必要存在的，这实际上是一个过渡阶段，从起号阶段到盈利阶段的一个过渡，意味着起号阶段的一些打法需要进行调整，以便于实现直播间稳定而持续的盈利，并且奠定大规模盈利的基础。从抖音电商直播间的底层逻辑来看，稳号阶段的核心在于"人货场"的精细化匹配，只有"人货场"经过了更加充分的验证，才能实施更加复杂和高阶的直播间打法，也才能有信心将流量放大并可靠接住流量，实现流量到销量的转化。

从操作层面来看，稳号阶段调整的核心是直播间货盘和流量健康度的优化，以及包括主播在内的团队优化。其中货盘优化的方向是确保引流效果的前提下，将直播间从起号阶段的低价标签优化为能够产生利润的高客单价标签。直播间流量健康度的优化，核心在于如何增加自然流量的比例，降低付费引流的比例。

总结而言，稳号阶段需要做的事情就是一系列的优化工作，包括选品优化、内容优化、账号标签优化、投流策略优化以及有可能会发生的团队成员调整，稳定直播间盈利的确定性因素，并进行微调优化直播间的各项数据，从而奠定直播间稳定盈利的基础。

Day15　稳号阶段的实施内容

一、每日任务清单

稳号阶段需要实施的工作如图 3-1 所示。

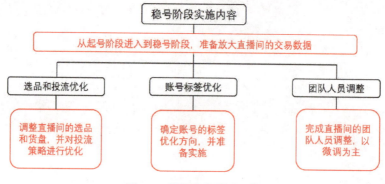

图 3-1　稳号阶段所需工作

二、洁洁创业日记：香水号终于进入稳号阶段了

8月14号，星期日，天气大雨。

今天的天气非常的"夸张"，大雨滂沱，狂风四起，然而窗外狂风骤雨并没有影响会议室内氛围的热火朝天，整个上午我们都在商讨阿旭的香水号如何脱颖而出的问题。

"杰西卡走的是稳定路线，从直播间风格到选品，再到主播的人设风格都是'中规中矩'，我们的香水号应该'放手一搏'，搞点不一样的特色出来。"没有想到理性客观的数据琳还有如此新潮前卫的思想。

"跟我的想法一样，香水本来也是我的个人爱好，我平时研究比较多的都是此类直播间，所以我有一个想法，我们搞一个夜场风格的直播间，融合秀播和直播在一起，彻底打一个差异化出来，大家觉得怎么一样？"香水号的始作俑者阿旭显然是有备而来，想法已经非常成型了。

"我看可以，才艺展示不是重点，重点是夜场风格的直播间确实有特色，而且我们把开播时间设定在晚上23：30，刚好就是夜场时间嘛。"我的情绪也被带动起来，各种奇思妙想不断涌现。

"各位，别忘了我们还有杰西卡，接下来是不是要讨论杰西卡在稳号阶段如何调整呢？"还得是理性的鸿哥，提醒了我们还有一个账号没有讨论的事情。

"杰西卡严格意义上不算起号成功，稳号阶段我们当作是起号阶段的延续，毕竟杰西卡才开播了3场，真正检验它还需要3~4场的开播，但这个账号前期存在的问题是明显的，那就是货盘的问题，简单来说我们的货盘，无法吸引用户并促进转化。"阿旭思考许久，说出了自己的判断。

"我觉得还有主播的人设问题，目前的人设说实话太普通了，厂家千金家族企业，这些人设放在目前的主播身上，说实话信任度几乎等于没有，我们还是需要调整主播的人设才行。"中控小麦这次的发言还比较靠谱，毕竟是经过了3场直播历练并且负责直播间的客服工作，对于当前人设的杀伤力小麦还是有着清醒的判断。

上午的会议就这样结束了，结论就是香水号走激进路线，杰西卡美妆号走平稳路线，慢慢调整各项因素，探索一套适合杰西卡的打法。

下午的时间都贡献给了香水号直播间的"装修"，说是装修，实际上就是把杰西卡直播间的一角开辟出来布置一个小场景，灯光是现成的，再买来一些特色的小摆件，例如夜光星球，将主灯光调暗，这样在手机镜头里就呈现出浓郁的夜场风格直播间。

"主播应该是站着直播，另外镜头拉远一些，展现主播五分之三的上半身，还有房间的背景音乐响起来，大家先选一些风格多样的曲子。"看样子外表木讷的数据琳，对

于夜场有点熟悉哦,没想到这个学霸还有社会的一面呢。

今天晚上的直播共有两场,杰西卡是22:00到23:00,香水号是23:30到00:30,之所以持续的时间不长,仅仅一个小时,目的还是为了测试,杰西卡调整了人设和货盘,不过调整的幅度比较小,毕竟前期还是累积了一些数据,不能用休克疗法。香水号就激进一些,不过从复盘数据来看,香水号的数据表现非常棒,停留时长达到了1分24秒,总场观1200人次,这对于一个新号开播来讲已经非常不错了。

无论如何,今天都是个很好的开始,我们也进入状态,开始自我创新一些新的播法和人设打造方式,直播间选品更加有感觉和经验了,更加难得的是团队之间的配合越来越默契了。我们坚信"只要生存就有希望",直播带货的创业之路,曙光初现!

三、深度课堂

本期深度课堂的具体知识内容如下所述。

(一)什么是稳号阶段? 所有直播间都需要稳号阶段吗?

稳号阶段,顾名思义是将接近起号成功的直播间状态稳定下来,具体的方法是通过对直播间各个要素的局部优化,让其表现和产出更加稳定,奠定更加坚实的直播间盈利基础。

对于大部分创业运营团队而言,无论是通过自然流量还是付费流量,起号的过程总是充满了偶然性和艰辛,即使起号成功了,很多时候我们也并不清楚成功的原因在哪里?因此稳号阶段,就是通过系统的项目复盘和反思,将起号过程中的不确定因素剔除,找到成功的确定因素,并通过调整直播间的各个要素,将其"发扬光大",这个过程就是稳号阶段。更加形象的说法是,让直播间在真正实现盈利爆发之前,先稳定一下姿态,以便可以"飞得更高"。

所有的直播间都需要经历稳号阶段吗?答案是不一定,对于运营经验非常成熟的团队,一旦直播间起号成功,可以直接放大交易规模,推动直播间进阶到更大的系统流量池,进而通过优化引流成本和选品,实现GMV的放大和直播间的盈利。从某种意义而言,稳号阶段比较适用于新手团队,这类团队对于直播间的稳定运营没有丰富的经验,即便直播间起号成功,也不清楚是哪些因素导致的成功,通过稳号阶段可以让新手团队能够更加深刻理解直播间成功运营的内在逻辑和技巧。

（二）稳号的本质是什么？

直播间稳号的本质如图3-2所示。

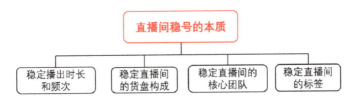

图3-2　直播间稳号的本质

首先，直播间稳号的本质要把播出时长和频次稳定下来，形成固定的节奏，这对于系统算法的考核而言非常重要。新手任务中的最低门槛是0.5小时的单场直播时长，我们建议单场直播时间在3个小时以上，并且要保证直播频次，最低门槛2次/周，进阶要求为4次/周以上。

其次，直播间稳号的本质是货盘的调整，这是关键要素，货品永远是直播间实现稳定运营的关键。货盘的调整主要是在保持有效货盘的基础上，零星调整商品的构成，测试不同商品对于直播间数据提升的价值。需要提醒的是，既然是稳号阶段，非必要切忌进行颠覆式的货盘调整，一定是循序渐进的微调模式。

再次，直播间核心团队的稳定和调整，这个比较容易理解，就不展开讨论了。唯一需要提醒创业新手注意的是，核心团队是直播带货项目最大的优势，所有商业项目归结到最后就是"人"的生意，因此核心团队的调整必须是稳字当头，不可做伤筋动骨式的调整，这一点与货盘的调整原则是相同的。

最后就是直播间标签的调整。例如洁洁创业团队的杰西卡美妆号，直播间数据表现不理想的原因之一就是人设定位，而人设定位是直播间标签的关键，因此稳号阶段需要对影响直播间标签的所有要素，进行重新检视和调整，包括客单价的调整，本质上也是直播间标签的调整。

（三）稳号阶段的实施内容是什么？

稳号阶段需要完成的工作内容如图3-3所示。在展开剖析之前，我们需要强调一点，正如前面内容中关于复盘分析的说明，起号之后的稳号措施必须建立在数据分析基础上，确定所有要素调整的基准线，否则就会越调整越乱，从而丧失了起号成功带来的大好局面。

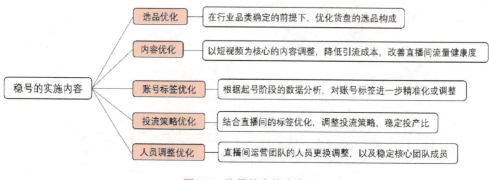

图 3-3　稳号的实施内容

1. 选品优化

稳号阶段的选品优化，就是进行货盘的优化调整。选品优化的指导原则，之前已经解析过了，这里需要重点说明的是，货盘的调整考验的是运营团队对供应链的掌控能力，直播电商本质上也是比拼的供应链实力。正所谓"知易行难"，直播带货都知道选品的重要性，也都知道运营过程中需要灵活调整货盘，但真正能够做到这一点的团队，必须具有供应链的优势资源，才能够游刃有余地调整选品。

2. 内容优化

什么内容的优化？即优化短视频内容和直播间内容。短视频是产品与主播的场景化展示，追求视频的播放量、完播率、评论转化等关键指标，这些指标都是爆款短视频创意所必备的，也是有力的直播间引流手段。

直播间内容的优化指的是对直播间的风格和主播话术进行调整，将直播间的视觉空间调整得更加个性，并通过直播间话术的内容优化，通过这些优化措施综合发力，把直播间的停留、互动和转化数据稳定并且提升，这些也是撬动系统算法中自然流量的关键。

3. 账号标签优化

账号标签的优化是一个过程，必须是基于直播间核心数据的分析，不可贸然进行太大的颠覆式调整，毕竟直播间标签通过了起号的阶段，基本数据和标签还是优质的。此外，抖音系统算法重新认识直播间更加精准的标签也需要时间，存在一定的滞后性，因此标签的优化是渐进的微调过程。

4. 投流策略优化

投流策略本质上是千川投流技巧的提升。我们需要铭记，付费投流永远是工具，不是最终目的，千川付费流量只是为了直播间核心数据能够通过抖音流量算法的考核，并在此基础上获得系统算法给予的更多自然流量。

投流策略的调整与直播间阶段和开播时段密切相关，直播间不同阶段意味着成熟度的不同，越是成熟的直播间对于投流技巧的依赖性越弱，反倒是起号阶段，因为不确定因素太多，需要通过不同的千川计划测试，获得最优的投放策略。

5. 人员调整优化

稳号阶段的人员稳定非常重要，例如主播、副播、运营这些关键岗位，即便是需要调整也是稳字当头。例如主播的调整，如果直播间是主打主播人设或者是达人主播，属于人带货的情况，则不建议更换主播，而是要尽力稳定主播与直播间的合作；如果是品牌直播间，依靠的是货带人，则主播合作的稳定性就没有那么重要，消费者认可的是品牌而非主播，此时反而应当弱化主播的主导因素。

稳号阶段的直播间除了主播的稳定性以外，最核心的人员是运营以及投手。直播间运营相当于整个直播间的大脑，调度和决定直播间运营策略的改变。投手的价值毋庸置疑，决定了千川引流的精准度，直接影响直播间的投产比。

总结而言，稳号是起号到盈利之间的关键过渡，打造一个盈利直播间最为关键的步骤，稳号失败意味着前期起号阶段累积的数据，包括团队士气一夜之间归零，只能回到重新起号的阶段。稳号阶段实施内容的关键总结是：稳数据、调货盘、定团队、优投流，以上四个方面缺一不可，否则都会导致直播间账号运营的不稳定因素。

（四）稳号阶段需要多长时间才能完成？

如果直播间需要稳号阶段，多长时间可以完成稳号阶段呢？从时间周期来看，在团队情况和供应链配合度良好的情况下，通常我们认为7天可以完成稳号阶段的所有调整，之后就是考虑如何放大直播间的各项关键数据指标了。

实际上，影响稳号阶段完成时间的主要因素有两个：供应链选品调整，以及团队的调整，这两个因素有可能会导致稳号阶段的时间进度拖延。首先是供应链选品的调整，这对于拥有成熟供应链部门的团队而言问题不大，可以根据复盘的数据分析，快速完成选品的优化调整，但对于不具备丰富选品库的团队而言，供应链选品的调整就需要重新挖掘和谈判供应链，这其中所耗费的时间无法预计。

与之类似的情况是团队的调整，人的因素是最大的不确定因素，在直播电商整体缺人的情况下，如何有充沛的人力资源储备是个大问题，而且在行业人才高流动性的背景下，团队成员的被动调整也是经常发生的，这对于稳号阶段的人员调整产生了诸多不可控的因素，也会影响稳号阶段完成的时间进度。

Day16 稳号阶段的选品优化

一、每日任务清单

稳号阶段的选品优化所涉及的内容如图 3-4 所示。

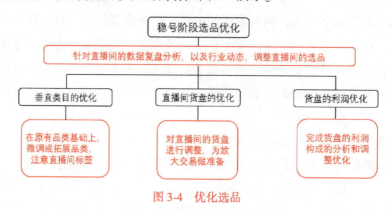

图 3-4 优化选品

二、洁洁创业日记：选品优化是一个持续的动态过程

8 月 15 号，星期一，天气晴。

今天我们工作的重点是完成香水号的选品调整，杰西卡的选品调整是昨天完成的，具体的效果还有待观察，但香水号的选品优化今天务必完成。虽然香水号的首秀开播数据还不错，但问题也非常突出，成单数据不够理想，因此我们打算利用白天的时间，完成引流款和福利款的调整，并修改直播脚本，主打成单数的提升。

与此同时，自从确定香水账号作为主打账号之后，阿旭也添置了很多装扮道具，比如太空眼镜、假发片、银色的指甲贴、较夸张的美瞳。另外主播的服装也以暗黑系和辣妹风为主，我们决定在个性化主播基础上，把融合直播玩到彻底，就不相信抖音算法"关注"不到我们直播间。

晚上 23:00，在杰西卡直播间结束直播 30 分钟后，香水号准时开播，今晚的主题是"蹦迪专场"，带有浓厚的夜店风格。

"哈喽，你们好，今天是蹦迪专场，顺便卖香（水），下方小黄车，自行下单"。阿旭和我通过简单的话术，引导进直播间的人和我们互动并加粉丝团。作为副播的我，主要的任务是提醒直播间用户加粉丝团。

"把 19.9 米（直播行话，米即为元）的小香梨（某款香水）链接改为 9.9 米。"阿旭根据直播间的流量曲线,看到直播间流量上来之后,打算拉一波成单,将福利款放出。

"宝宝们,来,这个小香梨知道吧,今天我们的主播直接给你送,邮费都不让你们出,想不想要?想要在公屏扣想要两字,9.9米送给你",作为副播的我尽职尽责,赶紧补充道。

2分钟之后。

"宝宝们,准备好手速,5-4-3-2-1,上链接!"阿旭采用了微憋单的话术技巧。

"是的,宝宝们,来1号链接,库存有限,赶紧去抢,新进直播间的宝宝们,不买没关系,今天我们是'蹦迪专场,顺便卖香',喜欢我们主播的可以进来一起聊聊天。"我在一旁补充道。

1小时30分钟后,我们准时下播。今天直播间的流量相对于昨天几乎翻倍的增长,而且成交突破了100单,直播间GMV创纪录地达到了3000元。

"呦呵,我们还新增了26个粉丝,不错啊!阿旭你有铁粉了。"心情大好的小麦开始调侃阿旭。一时之间,直播间内的情绪高涨,大家都为这次显著的进步感到欢欣鼓舞。

"我们今天直播数据,总场观虽然提升明显,成单数据空前增长,但有个问题大家发现没有?"在大家热烈的氛围中,数据琳突然插话道:"我们还是需要调整货盘,增加男用香水,目前主要是女用香水,因为后台数据显示直播间用户的男性比例比较大,占比70%,包括粉丝几乎都是男性。"

数据琳的话提醒了我们,因为是两个女主播,加之直播间的夜店风格,显然对于男性更有吸引力,但是目前的货盘全部是女性香水,我们竟然忽略了用户购买产品的动机,也许是送给太太或者女朋友,因此我们决定增加一些男士用的香氛类产品,比如香氛洗头膏、香氛蜡烛等。

8月已过半,经历了半个月创业之路洗礼,我们可谓是筚路蓝缕,但团队也成熟了许多,在深刻理解直播带货底层逻辑的基础上,开始创新探索一些独具个性的打法。更加难能可贵的是我们香水直播间的数据也越来越好,一切都在往好的方向发展,期待着小伙伴们能够坚持下去,享受创业之路上的每一个成功小喜悦。

三、深度课堂

本期深度课堂的具体知识内容如下所述。

(一)稳号阶段的选品优化是否可以扩展品类?

答案是可以的。稳号阶段是可以对供应链和货盘进行品类扩充的,前提是仍然要进行之前选品板块提到过的市场调研。如果是卖美妆护肤品的直播间,那么与这个品类相关的周边品类,例如香水、包、日用品甚至饰品等都有可能拓展进来。

但我们不太建议盲目扩展品类，因为这样的调整大概率会影响直播间标签的精准性，要知道直播间起号的最大任务就是建模型立标签，一切弱化直播间模型的调整都须慎重。

说到这里，有些直播间是"杂货铺"式的选品，例如所有家具用品都囊括进来，或者今天卖这个产品，明天卖那个产品，这种直播间通常是两个类别：达人直播间或者付费流量直播间。实际上即便是达人直播间如果采用"杂货铺"式的货盘，开播前和开播中也是需要大量付费引流的。如果不是达人直播间，由于直播间标签混乱不清，无法有效获得系统算法推荐流量，则更加依靠付费流量，因此增加了直播间盈利的难度。

（二）稳号阶段的选品优化是否会干扰直播间标签？

答案是有可能存在这种结果。直播间模型是建立在抖音系统算法当中的，模型的构成就是一系列标签，只有标签清晰且精准，算法才能推荐精准的流量，这是基本逻辑。但稳号阶段，直播间进行选品的调整，如果只是在原有品类中进行调整，例如美妆品类中进行个别产品的优化，这对于直播间标签的影响比较小，但有可能因为产品售价的变化，引发直播间平均客单价标签的变化，例如从原来的高价比，低毛利标签，变成了高毛利标签，这会让系统算法"困惑"一段时间，才能通过成单数据和销售转化，以及平均客单价重新为直播间打上标签。

如果是跨品类的选品调整，显然对于直播间之前建立的标签干扰更大，甚至会颠覆原有的直播间模型，即所有的关键标签全乱套了，需要重新在系统算法中建模型，那这跟重新起号没有什么区别了，不属于稳号阶段对于选品的调整了。

因此，稳号阶段的选品优化原则是尽量减少对直播间原有标签的扰动，避免原有的直播间模型失效。

（三）选品调整优化的数据参考因素是什么？

我们针对直播间不同的关键数据，提出选品优化调整的数据参考依据，这也说明了直播间按货盘的优化并不是"拍脑袋"的感性分析，而是基于直播间关键数据的优化而做出的选品调整，如图 3-5 所示。

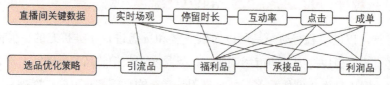

图 3-5　直播间关键数据与选品的关系

1. 实时场观

实时场观，即直播间的实时在线人数，与直播结束之后的总场观不同，实时场观总是处于变化当中，也是反映直播间实时流量的参考指标。如何提升直播间的实时场观？引流款的价值就体现出来了，其作用就是吸引用户能够进入直播间观看，如果直播间"拉人"观看的力度不足，要么是引流款调整，要么是投流不准或预算不足，需要调整投流策略。

2. 停留时长

从选品优化的角度，如何拉停留时长？根据我们前面对直播间货盘的分解，直接影响停留时长的就是福利款，虽然通过福利款进行憋单的方式不被系统认可，但依然可以与红包和福袋结合，创新直播间玩法，拉高用户的直播间停留时长。

通常来看，用户的直播间停留时长在 50 秒以上是正常的，最好能够在 1 分钟以上。还有一种情况，直播间如果采用逼单的模式促成销售，停留时长可以接受在 20 秒~30 秒，当然更长则更好，因为逼单模式是快节奏成单，对于拉停留时长没有特别的执念，主要是为了通过系统算法的考核而已。

3. 提升互动

像拉停留时长一样，我们通常用福利款、福袋和红包的方式吸引用户互动，例如主播可以引导抢到福利的用户，在公屏打"收到"（引导用户公屏扣1的方式，已经被抖音禁止，此类的互动已经不被算法识别）。类似的刺激互动的方式，同样适用于福袋、红包的使用。此外，我们还可以通过直播间场景的设置，以及主播风格设定，例如最近抖音直播间流行的融合直播，将秀播的要素引入带货直播间，打造特殊风格的直播间场景，或者主播展示才艺的方式吸引直播间互动。

需要提醒的是，福利款虽然有助于拉停留时长和提升互动，但也存在如下 3 个方面的副作用。

1）福利款的选择最好和直播间的垂直产品品类接近，例如美妆品类的直播间，福利款需要选择同品类的刚需低价产品，这样不会影响系统算法对直播间的标签设定。

2）刚需低价的福利款有可能会拉低直播间的客单价，规避的方式是拉高福利款的产品标价，通过后台客服返现的方式让用户低价获得产品。

3）福利款需要控制量以及上架的时间，如果说直播间的停留时长和互动完全依靠福利款获得，那么直播间的流量精准度就会下降，领取福利款的大多数是

"羊毛党"，这些流量对于承接款和利润款的销售并没有实际帮助。

4. 点击小黄车

如何增加直播间用户点击小黄车的比例？如果不考虑点击之后的成单行为的话，单纯拉升直播间小黄车的点击率，通过调整福利款或承接款是最好的选择。承接款之所以被称之为承接款，是因为这类产品具备一定的需求刚性，同时极具性价比，这一点和福利款类似，很多直播间没有承接款，直接用福利款代替。"需求刚性+性价比"就会引导用户点击购物链接，因此要将这个数据量做上去。

此外，提升点击购物链接的数据，还可以借助福利款，引导直播间用户点击产品链接抢购福利款，关于福利款的玩法，我们在后面还有专门的讲述，这里就不展开介绍了。

5. 成单数据提升

成单就是用户下单购买，我们指的是付款之后的数据。抖音系统算法非常看重成单数据，甚至将其作为一个直播间起号成功的关键考核指标，因为这涉及直播电商的"销售转化率"，通常一个合格的直播间的销售转化率应该在10%~15%，相对于传统电商3%~5%的销售转化率，直播电商显然更具优势。

成单数涉及两个前提：无利润要求以及有利润要求。无利润要求的成单属于引流方式，通过成单数据提升，满足系统算法的考核，进而撬动算法的推流，这种情况行业内称之为"亏货引流"。显而易见，这种亏货引流的方式，需要掌握一个尺度，这与千川付费引流的道理一样，都是耗费资金成本引流，如果亏货引流运用得好，性价比有可能比千川付费引流高。

如果提升直播间成单数据的前提是有利润要求，那么提升成单数据的难度就高很多了，因为不能借助"需求刚性+性价比"的公式，只能通过话术引导和选品优化的角度，提升成单数据，这对于直播间运营而言是最困难的，途径只有两种：利润款的选品优化以及千川定向投放——直投成单。前者需要选品团队具有爆品思维，并进行适当测试，对于直播电商而言，利润款应当永远坚持爆品思维；对于后一种办法，千川定向投放会带来运营成本的急速攀升，毕竟直投成单的引流成本是最贵的。

Day17 稳号阶段的内容优化

一、每日任务清单

稳号阶段内容优化所涉及的相关内容如图3-6所示。

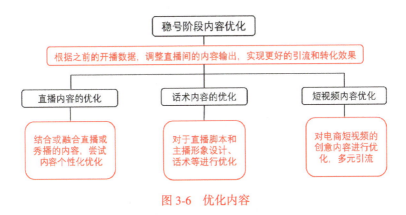

图3-6 优化内容

二、洁洁创业日记：短视频是内容优化的重要内容

8月16号，星期二，天气晴朗。

受到了昨天香水号初步成功的鼓舞，我们团队决定将运营的重点放在这个账号上，将杰西卡账号的运营暂停，主要的原因是团队的精力有限，无法同时运营两个直播间账号，而且为了让香水号的流量结构更加健康，也是为了让阿旭这个香水达人的人设更加稳固，我们决定从今天开始优化这个直播间的内容。

"内容优化，我看从两方面入手比较现实，一个是拍摄短视频，强化主播人设的短视频，另一个是继续优化直播间，让直播间的环境布置和氛围更加个性化。"作为男生的鸿哥显然更有发言权，因为香水号截至目前主要的用户构成就是男性。

"短视频拍摄需要很好的剧情策划，目前我们没有设置专门的团队，只能靠现有的人先执行起来，不断通过播放数据的测试，看看哪种风格的视频容易形成爆款视频。"作为新闻传播学院毕业的我，相对而言还是有发言权的，剧本策划不是当前团队的特长，只能边干边学，还好大家都是年轻人，对于拍摄短视频并不陌生，何况当时我们为杰西卡拍摄过预热短视频，并不算严格意义的"生手"。

"可以啊，我们暂定保持每周3更，日更我们做不到了，但要形成固定的更新节奏。至于短视频的创意，让我先想想，毕竟是打造我的人设，我还是要多想想才行。"

阿旭对于打造她的人设表示了支持："另外，我们在直播间主题风格上，可以保持总体调性不变的前提下，多样化一些，例如上次是蹦迪专场，今天可以尝试电台梦幻风格，总之直播间的风格要多变一些，才能保持足够的吸引力。"

今天上午的会议，我们还商讨了增加的男性香水以及周边产品的选品问题，并决定在下午开始拍摄打造阿旭香水达人的第一条视频。

晚上23：30准时开播。

也许是突然转变了直播间的主题风格，今天直播间的流量明显起的速度有些慢，已经开播30分钟，直播间流量数据相对昨天起色并不很明显，也许是过于频繁更换主题风格，导致了系统算法识别出现了"恍惚"？

00：30准时下播，从场观数据来看，新的主题风格并不吃香，不过也无所谓了，尝试总是要承担风险的，何况这才是新主题风格的第一场直播。但另一项数据的表现让我们欣喜不已，那就是粉丝团的增加，今天增加了80个粉丝，粉丝团成员突破200人了，而且新粉丝贡献了100单的销售，整体GMV达到了5000元，这是香水号起号成功的最坚实证明。

回到家，躺在床上的我依然兴奋不已，脑海中还在一幕幕飘过今天直播间的场景，我们的短视频如果也步入正轨的话，想必香水号会更加成功。另外，等我们团队更加成熟了，还是要恢复杰西卡——我的美妆号，也是我的最爱。实际上通过香水号这段时间的运作，我一直在思考杰西卡的问题，慢慢也有了一些心得体会，等有机会带领团队再来尝试吧。

三、深度课堂

本期深度课堂的具体知识内容如下所述。

（一）什么是内容优化？ 为什么要做内容优化？

直播间的内容优化，包括了直播间所有产出的内容，如短视频、直播脚本与主播话术、直播间玩法等，这些直播间输出的内容，都会影响抖音算法对直播间的流量推荐，而通过内容优化获得的系统推荐流量，才是最健康和低成本的流量。

直播间为什么需要做内容优化？抖音是短视频内容社交平台，内容是抖音吸引和保持流量的关键命脉，在此基础上的直播带货也是抖音内容电商的构成部分，我们通过直播间内容优化，可以更好地完善"人货场"之间的搭配，例如比较个性化的直播间——"美少女嗨购"，将秀播元素和带货直播相互融合，其实就是在直播间内容创意和差异性输出方面进行了创新，从而在众多带货直播间中脱颖而出。

2. 直播间的内容优化包括哪些方面？参考因素是什么？

稳号阶段的内容优化，主要是调整三个参数，分别是短视频创意、直播脚本和主播话术，其中主播话术的优化包括直播间玩法套路的创新与调整，如图3-7所示。

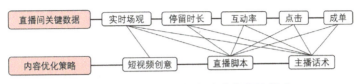

图3-7 直播间关键数据与内容优化的关系

从直播间的关键数据来看，短视频、直播脚本和主播话术、玩法套路都可以影响这些关键数据的表现，即便是我们通过千川或随心推付费引流，如果没有这些内容的加持，也是无法持续改善这些关键数据的表现。

直播间停留时长、互动率、点击商品和成单，与直播脚本和主播话术的内容优化直接相关，当然这里有个前提，排除了直播间选品的因素，毕竟产品才是促进成单转化的首要因素。需要强调的是，所有直播间玩法套路都具有"时效性"，即便当下非常有效的直播间玩法套路，过了十天半个月这种玩法套路也许就过时了，因此不存在"一招鲜吃遍天"的通用型直播间玩法，不同的直播间和运营团队，最可靠的做法是依靠直播间各自的情况独自探索挖掘，不要轻易相信模仿得来的直播间玩法。

此外，以上关于短视频创意、直播脚本和主播话术，三个方面内容优化的方法和原理，我们会在后面的内容中陆续展开进行详细说明。

（二）短视频如何优化才能改善直播间的数据表现？

首先，我们在前面详细分析过，短视频和直播间的流量是互通的，因此优秀的短视频内容生产能力，绝对可以帮助直播间引流，但是15秒~20秒短视频看似简单，实则对于内容创意的要求非常高，尤其是编剧需要具备非常好的网感，这是其一。其二短视频的创意、拍摄制作和发布是一项需要长期坚持的工作，保持固定的更新周期非常重要，不能三天打鱼两天晒网，不利于系统算法为短视频设定精准标签，这就需要短视频团队能够持续输出优质的创意内容。

关于短视频的创意优化，如图3-8所示。

1. 视频"梗"创意

什么是"梗"？不同题材对于"梗"的要求各不相同，简单来说就是能够激发

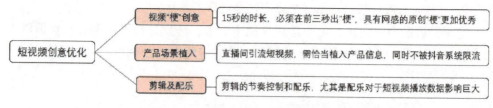

图3-8 直播间引流短视频的创意优化

用户观看、互动评论,甚至下载收藏的"兴趣点",这些网络视频中的"兴趣点"被称为"梗",这些"梗"甚至会成为社会流行文化的构成部分,也是类似于抖音这种短视频平台能够风靡于当前时代的原因。

短视频创意中"梗"的创作难度非常大,偶尔一次的爆梗比较容易,但长期保持创造"梗"的难度就非常大了。此外,短视频通常要求在开始播放的3秒左右出现"梗",才能保障短视频的完播率,继而提升短视频的评论、收藏和转发数据,从这个意义上来说,"梗"的作用类似于直播间货盘组建中的"引流款",负责吸引住短视频的观众,让他们不要划走,有继续观看下去的动力。

如果短视频团队原创"梗"的能力不强,可以通过模仿抖音流行梗的做法,以此为基础创作短视频,也就是翻拍流行梗,这对于短视频创作而言也不失为一种捷径。

2. 产品场景植入

电商短视频需要展示产品利益点的植入,或者产品使用场景,又或者主播人设的场景植入,而且即便是主播人设的植入,也离不开产品作为道具进行植入,这种带有明显产品种草色彩的短视频,对于直播间引流的效果才显著。

通常短视频团队会根据产品的利益点,拍摄多个版本的短视频,同时分布并投放出去,看哪一种创意的短视频可以爆发,顺势为直播间引流或者开通该产品的直播间带货。此外,带有产品植入的短视频在投放时最好结合付费流量,否则容易被系统算法识别为广告并且限流。

3. 剪辑及配乐

抖音短视频的简介节奏通常是明快的节奏,尤其是画面之间的切换非常重要,需要有创意和巧思,这种明快的节奏和切换非常有助于提升视频播放数据。此外,短视频的配乐占据了短视频成功的50%以上的因素,作为短视频制作团队,花再多的时间在配乐选择上都不为过。我们可以运用抖音官方的音乐库,或精心选择其他音乐,总而言之短视频的配乐因素一定不能忽视。

（三）直播脚本如何优化？

在直播电商的实践中，运营团队和主播通常会忽略直播脚本的制订和优化，一方面运营团队会认为直播脚本是个形式上的工具，现场主要依靠主播，尤其是成熟主播的发挥，不用被脚本框住，这对于初创直播团队是致命错误；另一方面，当直播间数据出现问题，尤其是出现了主播接不住流量的时候，通常也不会从直播脚本切入反思与优化。实际上，直播间的数据不理想，尤其是点击和成单数据不理想，非常有可能是直播脚本出了问题，如图3-9所示。

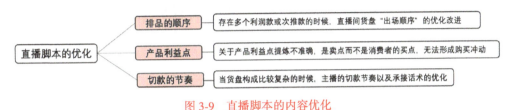

图3-9　直播脚本的内容优化

1. 排品的顺序

通常在组建直播间货盘的时候，我们已经完成了排品的设定，如果直播间的停留时长在30秒左右，排品顺序不用做太大的调整，因为直播间用户的翻新速度快，只需要把握切品速度以及重复的频率。对于停留时长在50秒以上的，需要将高性价比的产品提前安排出场，因为用户对于价格的接受心理存在加热过程，高价值和高利润产品尽量往后排。

以上调整思路并非绝对，具体要看不同的品出场之后的点击和成单数据，决定排品出场顺序的调整，这种调整可以是直播复盘分析之后调整直播脚本，也可以在直播现场根据点击和成单数据马上进行调整。

2. 产品利益点

直播间的停留时长、点击和成单数据上不去，有可能是产品利益点不足，这种不足有可能是组建货盘的时候，选品出了问题，或者产品的利益点提炼不到位，主播对于产品利益点的表述不能打动用户。如果是后者的原因，则需要调整直播脚本中的产品利益点，我们可以在直播脚本中针对同一款产品，准备不同的利益点总结，测试哪一种表述更加有利于刺激直播间用户的点击和成单。

3. 切款的节奏

切款节奏，又称为过款节奏，对于直播间的成交数据存在直接的影响。通常当流量处于高峰期，或者即将迈上高峰期的时候，如果货盘中的承接款比较多，可以加快过款节奏，不断测试不同产品的成交数据，同时增加直播间的氛围热度，营造有利于冲动消费的氛围。一个合格主播的重要标志就是能够根据流量的情况控制合理的过款节奏。

（四）如何优化主播话术和玩法？

主播话术的优化主要是聚焦在商品的讲解方法，我们可以从以下如下3个方面切入，优化调整主播话术。

1. 痛点讲解

结合用户痛点讲解产品，让用户获取"产品可以解决问题"的信息，从而刺激用户下单。

2. 卖点讲解

提炼产品1~2个主要卖点进行讲解，让用户迅速获取产品的有效价值，减少用户下决策的时间，激发用户的购买欲望。

3. 对比讲解

从价格优势、产品款式以及使用感受上与同类型产品进行对比，达到突出"我"的产品优势的目的。例如，"这款产品在实体店购买需要99.9元，今天在我的直播间只卖49.9元，这是在其他地方都买不到的价格"。

直播间的主播话术与直播间的玩法套路之间密不可分，关于直播间的玩法，我们列举了如下5种比较经典和通用的做法。

1. 送福利

发红包、抽奖、福利……这些免费赠送的玩法，是最简单粗暴也最有效的直播互动方式。可在一场直播中设置多次抽奖玩法，并在每一次抽奖前做预告，有助于提升用户在直播间的停留时长。

2. 竞猜答题

一边直播一边和用户竞猜答题，增强和用户之间的趣味互动，调动直播间氛围，优化直播间的互动和停留时长数据。

3. 直播促单玩法

直播促单玩法即限时限量促销。限时限量促销主要用来营造产品被抢购、库存告急的紧张氛围，是用户在犹豫是否下单时的助力，推动用户下单购买，促进成交。

4. 抽奖促单玩法

抽奖促单也是一种免费赠送的促单方式，通过评论区抽奖、粉丝团抽奖的方式，对中奖的用户提供下单免费的福利，让用户积极在评论区评论，提升直播间互动氛围，营造抢购的热潮，带动用户下单购买。

5. 发放优惠券

产品有优惠的同时，还可以领优惠券减免，通过这种专属利益点的优惠方式刺激用户下单，促进直播间转化成交。

Day18　稳号阶段的团队优化

一、每日任务清单

稳号阶段团队优化所涉及的内容如图 3-10 所示。

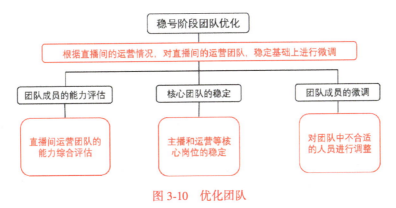

图 3-10　优化团队

二、洁洁创业日记：以稳定为主的团队调整策略

8 月 17 号，星期三，天气晴。

今天是个好天气，预示着有好事发生，果不其然，上午 10 点刚过，直播间里就响起了惊叹声，听声音应该是小麦的"我的天呐！好美啊！这就是新来的副播吗？"

在大家七嘴八舌的议论声中，只见一个身着小礼裙的女生迎面走来："嗨，大家好，我叫小唐，琳琳的表妹，这次过来是暑期实践，担当香水号的副播，请大家多多关照。"没想到这位女生的声音也这么好听。

"琳琳，你隐藏得够深的呀，这么漂亮的表妹现在才'贡献'出来？"我又开始打趣琳琳。的确没有想到平时一脸严肃，精通数据运算的琳琳，居然有这么一位感性且美丽的表妹。

"这不是看着香水号已经起来了吗，感觉我表妹的风格可以为直播间加分，同时她也闹着让我给她介绍暑期实习单位，我就顺水推舟喽。"明显立了一功的琳琳，故意摆出一副谦虚的模样，实际上她在等待大家的夸奖。

"知我者，琳琳也，我正发愁香水号直播间如何加强人手，改一下风格呢。"阿旭显然不顾及我这个"旧人"的感受，马上向小唐表示了衷心，这个"喜新厌旧"的家伙。

"小唐妹妹，你知道我们直播间是夜场风格吗？你对于夜场熟悉吗？"我还是不死心，想要捍卫自己摇摇欲坠的副播位置。

"嗯……这些我都会！"小唐的回答击碎了我最后一点幻想，不过也是这么年轻漂亮的女生，估计夜场没少去过，哪有不熟悉的道理？

"好，面试通过，今晚就上班。"阿旭有点欣喜若狂："毕竟我们现在直播间本来就偏向于秀播+卖货，有这么好颜值的人在直播间撑着，说不定今晚能卖爆！"

当晚23：30，香水号直播间。

"再嗨起来一些！放开些！"转型场控的我在一旁积极地调动着，小唐妹妹的加入显然是如虎添翼，不仅带妆上镜后颜值更加爆表，而且蹦迪的动作更加娴熟，有股子专业范儿，毕竟是学艺术的，而且今年大二，青春气息逼人啊。

事实证明，现在的网络世界果然是颜值时代，小唐美女的加入进一步加速了直播间的成长，尤其是粉丝团以眼睛可见的速度开始扩张，总场观已经突破了3000人次，成交GMV历史性地跨过了10000元大关。

看到整个复盘的数据，团队非常兴奋。"阿旭，之前我就说咱们的主播和副播需要优化，你还不信，我看你和小唐的配合才是王炸，我可以安心地转往幕后了，好好规划一下我的杰西卡（直播间）复活的事情了。"我赶紧趁热打铁，顺带提出了复活杰西卡（直播间）的想法。

"那是啊，其实我早就看你不顺眼了，小唐妹妹比你强多了，你看我们直播间的数据都涨起来了，看样子必要的人员调整能够收到奇效哇！"阿旭兴奋之余，有点口无遮拦。

"阿旭，你冷静一下，我觉得我还有点价值，值得抢救一下，哈哈！"我也开起了玩笑，毕竟直播间发展得蒸蒸日上，大家的心情都不错。

"我觉得我们需要增加一个投手，并且要让这个投手提前熟悉香水品类的投放策略，摸索出精准的人群包。"琳琳又把话题拉回到了现实当中。

"鸿哥不行吗？唯一的一个男生，天生对数字敏感，能吃苦，他就是很好的备选啊"，我略微思考了一下，认真地回应道。

"我觉得鸿哥还是负责对外的商务拓展，而且短视频拍摄都是他负责的，估计志不在投手岗位啊。"平时与鸿哥打配合比较多的小麦显然更有发言权。

经过了短暂的商讨，我们的团队分工进行了调整，最关键的是引入了新人小唐，担任直播间的副播，鸿哥转向幕后，负责供应链和短视频拍摄，至于我则"退居"场控的岗位。

另外，大家还商定尽快物色投手的角色，哪怕暂时顶替一下投手岗位也行，把我们自己的投手人选练出来也行。不过投手是可遇不可求的，更何况目前的直播间也请不起专业的投手，此事只能暂缓了。

明天，加油吧！我居然前所未有地期待明天到来！

三、深度课堂

本期深度课堂的具体知识内容如下所述。

（一）稳号阶段，是否有必要调整更换核心人员？

答案是有必要的，但不建议进行过大的调整。根据大部分直播间的情况来看，除了主播和运营之外，其他岗位的人员变动对直播间的影响不会特别明显，尤其是场控和中控岗位的更换，人员变动带来的负面影响可以快速恢复。但如果是以主播为核心的团队，主播已经成为账号的主要IP的话，那么主播的离开是会对直播间以及其他方面产生很大影响的。

此外，就是直播间的运营，这个岗位的重要性不亚于主播，运营相当于直播间运作的"神经中枢"，不仅调度直播间各个岗位的配合，还需要和主播、投手、短视频团队（如果有的话）研究直播间的打法，创新直播间的玩法套路，如果一个直播间的运营出现了变动，直播间想要恢复元气就需要更长的时间才行。

凡事无绝对，对于直播间运营团队而言，从整体发展的利益评估团队的构成，是否有调整的必要。此外，直播电商本身的人员流动性就非常大，被动的团队调整也是时有发生的，因此做好必要的人员储备是必备的，应对随时出现的人员波动。

（二）大部分情况下主播是关键角色，如何稳定主播？

对于大部分的直播间而言，主播是整个项目运作的核心，尤其是主播具有一定程度的IP属性，即达人主播，这种情况下主播是最需要稳定的关键角色。如何稳定主播？首先从项目发起成立角度，主播最好是项目发起成员，尤其是初创团队，主播最好既是发起成员之一，也是直播间的创始人。

其次，从商业利益进行捆绑，主播一般从直播间 GMV（实际成交）中设定抽佣比例，一般在 15%~30% 之间不等，具体要看产品的毛利率以及主播是否是销售转化的核心，高额抽佣带来的高收益是稳定主播的必要手段。

再次，真正专业的主播往往看团队发现和打造爆品的能力，这需要直播间的运营团队能够"源源不断"地提供给主播及其直播间爆品，爆品意味着直播间的高 GMV，意味着主播的高收益，如果一个团队的爆品策划和操作能力下降，与主播合作的稳定性也会下降。

最后，从劳务服务的法律层面，直播间的运营方与主播签订劳务合约，给予主播高回报的同时，也要规定服务年限以及高额的违约赔偿金，从法律层面绑定和主播的稳定合作，但这种方式只适用于达人主播，或者有潜力成长为达人 IP 的主播。

（三）直播电商团队的薪酬水平及合作模式是什么？

前面我们提到过直播团队成员主要由运营、主播、副播、场控、中控组成，当然高配版团队里面还有投手、短视频拍摄团队以及客服。从薪酬水平来看，不同地区，不同规模的公司和团队对于这些岗位的薪资是不一样的。我们以电商产业发达的杭州等地区为例，各个岗位的薪酬如下：运营，8000 元~15000 元+提成；主播，8000 元~15000 元+提成；副播，6000 元~8000 元，无提成；场控，8000 元~15000 元+提成；中控，4000 元~6000 元，无提成；短视频团队，6000 元~10000 元，无提成；客服，4000 元~6000 元+提成。

关于合作模式，行业普遍的合作模式是底薪+提升的雇佣模式，如果收益高，团队就稳定，反之这个行业人员流动性高的特点就显现出来了，这种纯雇佣的模式虽然简单，但受制于人力资源成本的压力，并不能保障稳定的项目运作。

另一种合作模式是阿米巴模式，适用于直播基地或实力雄厚的品牌方。这种合作模式，双方保持松散的合作机制，公司平台提供供应链和物流、客服等服务，运营或主播提供直播间的核心运营团队。如果直播间的产出合理，双方继续合作，否则双方各自寻找匹配的资源。例如嘉美洛有限公司就这样的合作模式，利用美妆垂类的大型直播基地所具备的场地和供应链优势，除直接签约孵化一部分直播间以外，其他的直播间合作就是采用阿米巴模式。入驻基地的团队采用赛马机制，末位淘汰，不达标的直播间团队被淘汰，直播基地只保留能够盈利的直播间及其团队。

（四）为什么稳号阶段是团队稳定的高风险期？

从洁洁团队的创业历程来看，打造一个盈利的直播间需要应对的挑战有很多，不仅是"对抗"系统算法的运营策略问题，还有供应链发掘爆品的能力，但最关键的还是团队的人员稳定性问题。团队的稳定除了薪酬待遇，更受到团队心态变化的影响，心态不稳，则团队不稳，尤其是稳号阶段的团队，心态大都经历了如下3个阶段的变化。

1. 兴奋蜜月期

所有的创业团队在项目开始的时候，怀揣着对未知领域的探知欲和成功的渴望，都会保持一定程度的高昂情绪，这个阶段的团队是最好组织的，同时也是稳定性最高的时期。这个兴奋蜜月期通常可以保持7天~10天左右，该阶段即便是数据不够理想，直播间团队还会对直播间的成功抱有积极的想象，团队容易保持稳定性。

2. 怀疑动摇期

当直播间运营10天左右，经历了5~6场直播之后，此时直播间的数据不理想，团队就非常容易产生怀疑情绪，尤其是主播会对自己以及团队的能力产生怀疑，进而产生动摇情绪，造成团队成员的剧烈变动。因此，一个正在打造中的直播间，前期的运营和主播非常关键，其关键性不仅体现在专业能力上，更体现在凝聚人心的能力上，要带领团队和项目度过"怀疑动摇期"。

3. 心态浮动期

这个时期大致处于稳号阶段，初创团队已经度过了艰难的起号阶段，但这并不意味着团队的稳定性也度过了高风险期。稳号阶段的主基调是调整直播间的"场"、货盘以及直播间打法等，优化直播间的各项数据，此时团队成员之间容易形成分歧，关于选品、引流和直播间打法的分歧，而且最主要的是主播心态开始发生变化，由起号阶段的怀疑和不自信，开始变得过于自信，认为直播间的核心是主播，这种心态容易导致主播和其他成员产生意见分歧，进而导致团队崩盘。

总而言之，直播间的稳号阶段是项目团队不稳定的高风险期，初创团队经历了起号阶段的磨合，到了稳号阶段团队成员的心态会有波动，不同岗位成员对于直播间的成长预期会发生意见分歧，而此时的直播间和直播间打法也在调整期，众多不确定因素叠加在一起，很容易导致项目团队分崩离析，这是我们在项目实践中尤其需要关注的。

Day19 稳号阶段的标签优化

一、每日任务清单

稳号阶段优化标签所涉及的内容如图 3-11 所示。

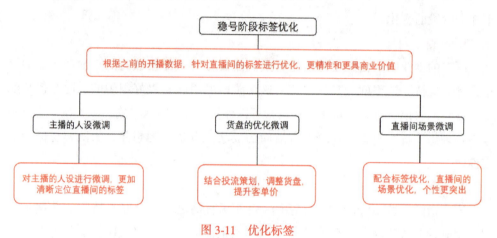

图 3-11 优化标签

二、洁洁创业日记：调整直播间的系统标签

8 月 18 号，星期四，天气晴。

今天白天无事，主要是昨天香水号的表现太过惊艳，大家还沉浸在成功的喜悦中，这里面最大的功臣当属小唐，她的加盟让直播间的魅力值直线上升，粉丝团已经增加到了 800 人，而且成交单数和 GMV 也大幅增加，几乎达到了翻倍。

有鉴于此，我们决定把主力香水号的开播时间提前到 22：00，并将直播时长从原来的一个小时，拉长到两个半小时，这明显反映了团队对自己直播间的自信。

晚上 22：00，阿旭香水账号开播。

"洁洁，你看直播间里这些人只看不买，怎么办？"担当中控的小麦发现了问题，拉着担当场控的我小声讨论。

"对啊，不过他们加粉丝团倒是积极，显然真的把我们当成了秀场直播，我们本来是直播带货啊！"我也发现了问题，粉丝团成长迅速，但成交单数开始降低了，看样子过了新鲜期之后，直播间用户并没有贡献消费力。

"以我来看，估计我们要采取'洗粉'行动了，系统算法给我们推荐的用户大部分是'色粉'（消费能力较弱），不是'购物粉'，这类用户主要是来看表演的，对我们的产品未必有兴趣。"数据琳果然对此早有准备,连解决方案都想好了。

"还有一个问题,之前为了促成单,上了很多 9.9 元的福利款,好卖是好卖,但也导致直播间的平均客单价太低,系统算法给我们推的用户都是'羊毛党',能够承受高客单价的用户进不来啊。"我也乘机提出了思考很久的问题。

凌晨 00:30,今天的直播结束了。在复盘分析会上大家对于刚才提到的问题进行了讨论,虽然今天的直播在粉丝数量和成交单数上仍然增长明显,但 GMV 的增长乏力,显然直播间的标签需要微调。

"人设和货盘需要调整,重点是加强购物粉的比例,以及提升客单价,这个过程我们要慎重,通过 2~3 场直播测试,不可操之过急,要不然之前建立的算法模型就浪费了。"听完我和琳琳、小麦的观点,阿旭也同意进行调整,"洗粉行动"从明天正式开启!

三、深度课堂

本期深度课堂的具体知识内容如下所述。

(一) 什么是改标签?抖音标签系统是如何构成的?

简单来说,直播间改标签是为了更加精准的引流,尤其是系统算法推荐的自然流量,只有更加细分和精准的标签,才能带来系统更加精准的流量推荐。通常直播间改标签的原因是粉丝构成比例以及平均客单价,前者影响直播间的销售转化率,例如香水号直播间色粉占比过大,不利于销售转化;平均客单价影响算法对直播间用户购买力的判断,例如算法推荐的是低购买力人群,无法形成高客单价产品的销售转化。

抖音标签系统的构成是什么?从总体来看,抖音有几百万个标签,通过如此庞大的标签系统,精确标定用户和内容,并运用算法使二者之间达到匹配状态,这也正是大家刷抖音的普遍感知,我们刷到的内容大部分都是自己感兴趣和喜欢的内容。

从分类指标来看,抖音标签分为兴趣标签、行为标签和属性标签 3 大类。

1. 兴趣标签

兴趣标签就是用户的兴趣喜好,例如育儿宝宝、幽默搞笑、军事、历史等。

2. 行为标签

行为标签就用户点赞、互动、加粉、点购物车、下单购买等行为特征。

3. 属性标签

属性标签就是性别、年龄段、消费能力、地域、文化程度等。

（二）稳号阶段为什么需要调整并优化标签？

为什么我们在稳号阶段，需要调整并优化标签呢？有如下两个方面的原因。

一方面我们对于抖音算法识别直播间标签的"智能度"不要报太高期望，因为抖音算法每天处理的数据量太庞大了，很多直播间的标签很难被算法精确抓取，需要运营团队调整策略，让直播间的标签更加突出，让系统算法尽快抓取以及尽可能精确去识别。此外，即便我们的直播间已经被算法精确识别，但随着抖音平台新内容不断出现，以及竞争态势的变化，原本已经稳定的标签也会出现波动，这是由算法的复杂性决定的，不以人的意志为转移。

另一方面，起号阶段设定的直播间标签不一定那么合理，我们需要重新调整，例如原有直播间为了促成单，运用低价的福利款和引流款，导致直播间成交的平均客单价太低，不利于销售高价值和高利润产品，这就需要通过选品优化、主播优化，乃至于直播间优化，提升直播间的档次，吸引那些高购买力的用户，这是大多数直播间都需要修改的标签，毕竟大家都希望购买力强的用户进入自己的直播间。

（三）选品优化的核心任务是修改直播间的价格标签吗？

在稳号阶段可以这么说，直播间如果要实现盈利，必须引入高客单价和高利润空间的产品，但当我们开始上利润款的时候，直播间的流量开始出现直线下跌，价格稍高的利润款基本很难形成销售，这就是直播间的价格标签需要修改的明显标志了。

为什么出现这种情况？抖音是一个商业化平台，它一定是追求利益最大化的，需要把一些有消费能力的人匹配到一些客单价相对较高的直播间，唯有如此才能将流量转化销量，例如系统算法把消费9.9元钱的"羊毛党"匹配到客单价是200元的直播间，显然不利于达成销售转化，这种用户错配的情况在抖音系统算法中是不被允许的。

通过选品实现直播间标签改变主要通过如下两种方式。

1. 选品的品类调整

这其中包括了品类的扩大与缩小，例如从小家电扩大为家居的类目，借以扩大适合的用户规模，同时扩大选品的范围；反之，我们有可能在大的品类基础上，通过更加垂直聚焦的选品，缩小直播间的品类标签，借此获得系统更加精准的用户推送。

2. 选品的价格调整

大部分直播间都力图实现更高的客单价，前提是保障一定规模的成单，提升客单价有助于扩大直播间的 GMV 以及提升利润，但是将直播间平均客单价从低到高进行调整是比较困难的，这就需要逐步修改选品策略，添加一些高标价产品，通过话术和运营打法促进高标价产品形成销售，借此修正直播间"廉价产品"的系统标签。需要强调的是，这是一个漫长的过程，并非可以一蹴而就的事情，过于颠覆的选品容易破坏直播间的基础，导致直播间彻底失去了系统算法标签，等于回到了起号阶段。

（四）如何通过主播人设调整直播间标签？

对于大部分素人或达人直播而言，为了凸显直播间的差异化，强化直播间在抖音算法中的精准标签，都需要打造主播的人设。主播人设发挥两个作用：一方面是强化直播间的标签，例如化妆品工厂的厂长、茶叶茶场的场长、珠宝柜姐等，这些主播人设本身就是直播间标签的构成部分；另一方面，主播人设有助于强化直播间用户对主播的信任度，尤其是产品专业度以及价格优惠度的信任度。

直播间标签优化与主播人设之间的关系可归纳为如图 3-12 所示的两个方面。

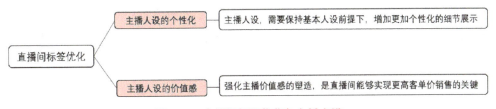

图 3-12　直播间标签优化与主播人设

一方面直播间标签优化使主播人设的个性化更加明显。稳号阶段的主播人设优化，可以在保持原有主播个性的基础上，朝着更加突出、更加个性的方向上进行调整。需要强调的是，稳号阶段主播人设的个性化改进并不是追求颠覆式的调整，注意"稳"字当头，个性化的改进是渐进式的微调，不要失去了"稳"的含义。

另一方面，直播间标签的优化也是主播人设的价值感提升。什么是主播人设的价值感？我们可以简单理解为，主播的个性与形象，配合话术技巧，能够让低价的产品卖出高级感，即便是售价 19.9 元的产品，通过主播的讲解以及形象可以让用户感觉到这是价值 49.9 元的产品，这种主播的价值感塑造很关键，奠定了直播间提升客单价的基础。

主播价值感提升的主要方式有两种：一种方式是通过改变主播的形象设计，

包括发型、服装、妆容、配饰等，进行个性视觉形象的提升，这是外在形象的提升方式；另一种方式是建立在第一种方式基础上，通过改变主播话术，核心是介绍产品利益点的话术提升，从消费者心理角度，提升产品的价值感，当然产品话术的提升也需要辅以证明价值感的佐证材料或者道具，增强消费者对于产品价值感的信任度。

（五）通过千川付费流量调整直播间标签可行吗？

答案是可以的，但这种方式并不足够，且存在成本过高的弊端。改变直播间标签最直接的做法是通过千川投流，直接通过徕卡定向和达人定向等方式，强行为直播间购买具有特定标签的用户并导入直播间，但是这种方式除了成本高昂以外，最主要的问题是如果不结合直播间其他要素的调整，这些购买的流量进入直播间难以产出有效的转化，因此无法撬动系统算法推送的自然流量，因此我们也不能说直播间标签完成了优化调整。

改变直播间标签并不是单一因素的调整，通过付费投流的方式强行引流，如果不配合选品、主播等方面的优化，最终也是难以改变直播间标签的。此外，修改直播间标签，还需要结合直播间的物理空间优化，例如当我们要提升直播间的平均客单价，但直播间的装修档次和视觉效果依然是廉价的，对于高价值客户而言，也会降低下单购买的信心，那么其他方面所做的努力，效果也会大打折扣。

Day20 稳号阶段的投流优化

一、每日任务清单

稳号阶段投流优化所涉及的内容如图3-13所示。

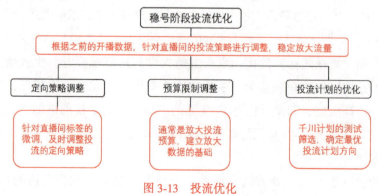

图3-13 投流优化

二、洁洁创业日记：付费投流或自然流量的艰难抉择

8月19号，星期五，天气晴。

昨天我们决定启动"洗粉行动"，今天早上再次复盘昨天的直播数据，包括翻看直播录屏回放，发现因为有了小唐的加入，直播间各种色粉在公屏乱发言的现象越来越严重了，色粉带来的泛流量问题比想象的要严重得多，我们开始意识到事态的紧迫性。原本通过短视频和货盘优化进行洗粉的方式，现在看起来速度太慢。

"那就直接选择投流的方法吧，这种方式更加直接，就是费钱。"面对这个问题，数据琳快速给出了建议。

对于刚刚实现盈利的香水号而言，这是一个艰难的决定，投流需要预算，之前直播间的盈利可能都需要投进去，结果只有两种：正确的投流策略带来精准的购物粉，GMV提升带来算法流量天花板的突破，直播间进入正向循环；错误的投流策略导致钱花了，但精准流量没有增加，改标签的洗粉行动失败，而且最重要的是钱也没了。

最终经过阿旭、琳琳和我的商议，还是决定通过投流的方式进行洗粉，由数据琳负责实施，因为只有她对千川的研究最深入，而且对数据分析比较专业。

"我觉得大家不用过于担心投流的钱有去无回，毕竟我们之前在杰西卡上也投过流，虽然用的是随心推，但基本的逻辑还是相通的，这次我们用千川更加精准的选项进行投流并不是完全没有基础。另外，香水号如果要真正做大，实现规模盈利，早晚还是需要通过付费流量来撬动更大的自然流量，无非需要我们控制投流的规模，摸索一套适合直播间的千川打法而已。"对于大家的担忧，数据琳倒是显得信心十足，感觉她已经成长为一个成熟的运营兼千川投手了。

"关于直播间的色粉问题，我看是柄双刃剑，我们可以利用色粉的'忠诚度'，通过加入高价值产品，把'高返'这套打法实施起来，让他们高价拍下产品，付款之后联系客服返钱，借此提升直播间平均客单价，为将来我们销售更高售价产品打基础。"作为主播的阿旭显然最近也做了不少功课，开始对运营思路提出了建议。

"可以啊，阿旭，你这主播开始玩跨界了，抢我饭碗啊。"数据琳难得对阿旭开个玩笑。

"我觉得可以，既然投流不是万能的，而且还需要兼顾直播间流量的健康度，我们还是结合两种思路，投流+运营思路调整，包括刚才阿旭提到的'高返'打法，不过先需要验证'高返'打法现在还能不能用，因为抖音直播电商的规则经常调整，千万不要犯规。总之可以尝试各种不同的打法套路，毕竟咱们对于直播间运营的底层逻辑已经越来越清晰了。"我对今天上午的会议进行了总结发言，而且说完这一大段话，突然发现经过这一段时间的创业磨砺，自己开始变得成熟和稳重了许多，对于问题思考

的深度和判断力增强了不少，这也许就是创业带来的额外收获吧。

"对啊，我们还是要探索一些创新的打法套路才行。"小麦也附和大家的观点。

"拜拜吧，色粉们，我们要带货啦。"小唐听到大家热烈的讨论，也长舒了一口气，心理压力减轻了不少。

今天下午的工作就简单很多了，主要是数据琳带着我和阿旭深入研讨了千川投流的实施方案，包括预算和模拟制订千川计划，最后我们制订了8条千川计划，就等晚上的直播开始之后，具体检验这些千川计划执行的情况，至于带来怎样的数据改变，还是明天再做分析吧，今天接下来的主要任务是开播！

三、深度课堂

本期深度课堂的具体知识内容如下所述。

（一）所有的直播间是否都需要付费投流？ 千川投流的关键是什么？

并不是所有的直播间都需要付费投流，行业中有大量的直播间只做自然流量，也能实现直播间的盈利，甚至规模盈利。什么规模盈利？行业中并没有对此有清晰的界定，但作为直播间的运营者，规模盈利指的是在去除所有的运营成本之后，每个月有10万元人民币（主要看当地平均消费指数，并不固定）以上的纯利润，就可以称之为规模盈利。总结而言，付费投流是实现直播间规模盈利的重要手段，但不是唯一手段。

从结果导向来看，千川投流的关键是在有效引流基础上控成本，因为直播间ROI的达成，付费流量是决定性因素。如果加上投流成本，直播间ROI达到1∶5以上，则直播间实现盈利的可能性就很大，除非产品本身的毛利率太低且退货率太高。如果投流成本控制不当，直播间ROI只能达到1∶2或者1∶3左右，除非产品的毛利极高，否则直播间亏损的可能性非常高。

从实际操作层面来看，千川投流的关键是制订能够烧得动的千川计划，所谓烧得动就是千川计划能够跑起来，账户的预算能够花得出去，并且带来了预想规模的精准流量，这是对千川投手的最大考验。千川投手需要对不同时间段、不同人群包和不同出价进行测试，获得尽可能低成本的精准引流。

最后强调一点，即便是经过验证有效的千川计划，也并不是一劳永逸的，仍然需要在每一次直播根据实时的情况进行调整优化，因为平台流量每时每刻都在发生变化，所以直播间的千川打法是动态的，没有绝对标准。

（二）直播间可以一直依靠自然流量吗？ 如何避免付费引流导致的亏损？

第一个问题：答案是可以的，一个直播间是可以一直依靠自然流量的，但实现盈利尤其是规模盈利比较困难，对于直播间运营者的要求非常高，而且对于直播间货盘和主播个人能力的要求也非常高。

事实上，即便是那些宣称自然流量的直播间，也不能完全避免付费引流，无非投流的预算比较小而已，例如几百元或者几千元，通过随心推进行简单的投流，获得直播间某些数据指标的优化，引导系统算法更加精准的推流。

第二个问题：付费引流是否会导致直播间亏损吗？答案是不一定，付费流量并不是洪水猛兽，只要运用得当，加之选品具有爆品潜质，直播间运营团队给力，付费流量，哪怕是高出价的付费流量都是可以实现直播间盈利的，这是应当建立的基本信念。

那么在采用付费流量的前提下，可以采用如下方式尽最大可能保障直播间的盈利。

1. 产品+主播的匹配度

直播间亏损与否，引流是一个关键，另一个关键是产品+主播的匹配度，不仅是产品和主播之间的匹配度，更主要是产品+主播与直播间粉丝的匹配度，解决了这个问题，销售转化率就高，否则再精准的流量也难以形成销售转化。

2. 产品的毛利空间

产品的毛利空间决定了可以承受的引流成本，当产品的毛利率为60%～70%，直播间1:3以上的ROI就可以实现盈利。如果产品毛利率在40%以内，扣除主播或机构的佣金，以及引流成本，直播间亏损的可能性就很大。

3. 投放计划以及出价

通常开播之后的30分钟左右，直播间运营或者投手就会根据主播的状态，以及直播间数据开始跑（即执行）千川计划，而且是若干个计划同时在跑，并根据不同计划跑的效果，决定计划的"开启或关闭"，同时也会评估或调整计划的出价，在计划跑起来的前提下，逐步降低出价，调节引流的成本。从这个角度而言，一个优秀的投手可以有效降低引流成本。

4. 流量池层级提升

抖音系统将流量池进行了分级，一共五个层次的流量池，不同流量池的流量规模不同，具体可以参考后面Day28内容。抖音算法根据直播间核心数据的评估结果，不断推升或降低直播间所处的流量池层级，流量池层级决定了直播间开播的起始流量，而付费引流可以将直播间核心指标的数据进行优化，引导系统算法提升直播间流量池规模。

（三）从直播间流量结构来看，保持流量健康度的好处是什么？

直播间最健康的流量状态是什么？当然是自然流量，但完全依靠自然流量是一种理想状态，毕竟抖音平台有时也是需要贩卖流量获得盈利的，系统算法都会引导直播间运营者通过付费流量为直播间引流。

直播间流量的健康度，从自然流量、付费流量和其他流量三个大的方面来看，各自占比30%为最佳，即3∶3∶3的构成比例，如果自然流量能够占到60%以上当然更好。

保持直播间流量健康度的好处主要体现在如下两个方面。

一方面是控制直播间的引流成本，帮助直播间实现盈利。直播间引流的最简单做法就是大量投流，通过付费流量保障场观，但这种方式不是最合理的做法，因为引流成本飙升，有可能卖多亏多，因此我们关注直播间流量的健康度，就是克制依靠付费流量的冲动，控制直播间引流成本。

另一方面，保持直播间流量健康度还可获得算法支持，撬动自然流量。抖音对于直播间的评价，其中就包括直播间的流量来源占比，因此从算法的底层逻辑上，抖音是鼓励直播间流量来源的多元化的，尤其是通过短视频引入直播间的流量，因为我们为平台贡献了最为稀缺的优质短视频内容，这一点抖音还是非常看重的。

Day21　稳号阶段的千川出价策略

一、每日任务清单

稳号阶段的千川出价策略如图3-14所示。

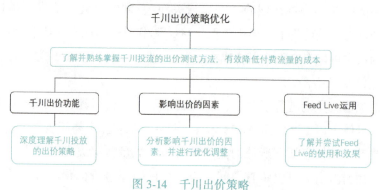

图3-14　千川出价策略

二、洁洁创业日记：不会合理出价的投手不是好投手

8月20号，星期六，天气阴。

今天上午我们针对昨天香水号的投流做了复盘分析，千川计划跑了1000元左右，直播播间的总场观为3000人次，实时在线人气峰值突破了200人次，这是有史以来最高的直播间人气峰值，成交转化有了改善，单场GMV将近10000元，比原来的最高8000元提升了25%，成果还是很显著的，粉丝团增加了30人，粉丝团规模已经突破了3000人。

"看到这样的数据，我们还是应该表扬琳琳，毕竟第一次为香水号做千川计划，成绩还是很显著的，GMV将近10000元，这是历史性的突破啊。"我抑制不住兴奋的心情，首先为本次的会议定调，这是一次成功的投流，应当给予相关人员立功受奖。

"从表面上看，数据表现还不错，但是从盈利的角度来看，这次投流还是亏了，多出来的2000元营收，按照30%利润来看，只赚了600元，这还是没有算退货因素，我觉得昨天投流的出价有点问题。"听到我的表扬，数据琳并没有预料中的开心，反而陷入了反思和自责的状态。

"其实投流的亏与赚不能单场论成败，关键看撬动自然流量的数据如何，昨天直播间的流量来源构成的确没有太大的改变，这说明了昨天的投流收益没有想象中的显著。"阿旭毕竟经历的直播间数量比我们多，懂得分析投流背后的价值。

"建议今天我们依然设定同样的投流预算，同时在千川计划制订的时候，针对出价做几个计划，从高到低测试，看出价低到什么程度也能跑得动，这也许就是最合适的价格。"我思索了一下，补充道。我算是稍微明白一些了，投流背后的出价和撬动自然流量的效果不甚理想，唯有通过这种办法测试出适合的出价。

"是啊，昨天我制订计划的时候，出价选择的要么是系统建议的出价，要么我按照系统建议的最高价出价，因为担心计划跑不动。今天可以按照洁洁这个方法进行测试，不过测出来的最低价格也许后天又变了，因为每天的流量情况都不同啊。"数据琳思考的问题显然更有深度，她的回答让大家一时之间陷入了沉默。

"无论怎样，我们都是需要去尝试的，慢慢就有经验了，不用那么悲观哓。"阿旭显然想要鼓励一下团队的士气，尤其是琳琳的自信心："我们改标签也不能仅通过付费投流，洁洁，短视频拍得如何了？"阿旭巧妙地转移了话题。

"目前稳步进行中，短视频拍摄风格改了，货盘调整了，主播话术也有改变，加上投流的效应，直播间的客单价也正在改变，需要一些时间才能看到变化。"我回答道。

"这样吧，我来出面请嘉美洛有限公司派一个有经验的投手，帮助我们找到解决问题的办法，这个问题就不算问题了。"阿旭突然想到了一个解决投流出价的妙招，为什

么舍近求远呢，背靠的公司就是我们坚强的后盾啊。

最终公司派来了一个资深运营——博哥，一个90后的男孩，据说他是公司第一个盈利直播间的打造者，对于新直播间的运营和投流非常的有心得。下面是博哥整整一个下午给我们团队上课的内容，我简单做了如下笔记。

1）直播间运营要在开播3~5分钟快速投流，利用付费流+自然流，大力拉成单，15分钟左右的波峰是可以无限上拉的，想让波峰在15分钟拉到最大，成单数量最高，除了要在3~5分钟的时候投流，出价还要顶到最高。

2）开播之后10~20分钟，如果直播间流量不理想，此时一定要靠货品来拉人气，千川出价以最低出价为原则，跑不动也不管了，直接通过切款来拉大直播间流量。

3）开播之后的30分钟左右，如果流量还处于下降趋势，不要着急，此时的流量更精准，主播可以切款卖承接款或者利润款，收割产品利润。

4）千川的出价一定不能被系统建议出价所束缚，最好的出价永远是不断测试出来的，每一场的出价策略都不相同，昨天合适的出价，到了今天也许就不行了，甚至不用等明天，也许下一时刻就会有让刚才的出价跑不动的计划。

5）如果我们一定纠结最合理的出价，唯一的办法就是"笨办法"，从高到低出价进行测试，看低到什么程度千川计划还跑得动就可以了。

6）付费流量一定是锦上添花，不可过于依赖付费引流，货品本身才是关键。

"嗯，非常不错，简单实用，就看今晚我们亲自测试的效果了，今天真是收获满满啊。"数据琳显然是那个学习最认真的，毕竟她是我们倾力打造的千川投手。

"大家别忘了，今晚22：00准时开播，现在我们邀请博哥参加聚餐，并感谢博哥下午的培训。另外今晚的直播，博哥也会帮我们'镇场'的，再次感谢博哥！"阿旭最终发表了热情洋溢的总结陈词，她居然就这么抢了我这个项目创始人的台词。

三、深度课堂

本期深度课堂的具体知识内容如下所述。

（一）千川投放如何通过优化直播间数据撬动自然流量？

我们通过千川投放获得付费流量，用来弥补直播间自然流量规模的不足，以及稳定直播间的流量，似乎流量问题是运用千川的最大动机，但实际上并不尽然，付费投流只是临时解决直播间核心数据表现不佳的问题。套用一句俗话，千川投流就是"哪里不强，投哪里"，即直播间哪个数据不强，就通过千川定向引流做大哪一个数据指标，让抖音的算法系统认定这是一个值得给予更多自然流量的优质直播间。举例来说，如果直播间的人气不足，在线人数不够，那么千川定向就先选择"进入直播间"为主,尽快拉高直播间人气值;如果直播间的互动率不够,千川定向就主要选择投互动,"紧急"拉高互动数据。

那么哪些直播间数据是比较重要的呢?首要是成单数,这反映了直播间的卖货能力,是算法判定直播间价值的基础。其次是点击,这个数据是成单的基础,点击多,成单的概率就大。第三重要的数据是客单价,这个数据反映了直播间能否销售更高价格和价值的产品,这对于提升抖音平台的价值非常重要。第四是互动数据,这个数据反映了直播间内容活跃度以及奠定了点击、成单的基础。

因此,从某种意义而言,投流实际上不是投流量,投的是直播间核心数据的改善,只有数据改善了,系统算法才会推送更多的精准流量,并且提升直播间的流量池层级,为实现更大规模的引流创造可能性。

(二) 稳号阶段千川投流的出价策略是什么?

我们在 Day 20 中比较详细地讲解过千川的基本投流操作,而稳号阶段的投流操作是真正考验千川打法的时候,必须要考虑投流的"性价比"问题,而影响这一指标的重要因素就是投流的出价策略。

影响千川出价策略的因素如图 3-15 所示。需要说明的是,我们在制订出价策略的时候,如果需要考虑直播间的单场盈利,影响千川出价的最大参考因素是产品的毛利率或者产品售价,业内通常用产品售价的百分比作为出价参考,例如千川的最高出价为产品售价的 50% 或者 30% 等。

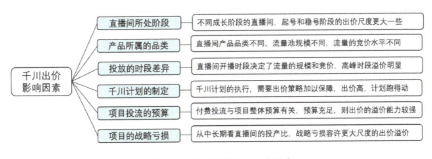

图 3-15　千川出价的影响因素

1. 直播间所处阶段

新起直播间为了尽快建立模型,并且通过抖音系统算法的考核,往往愿意接收更高的出价水平,尤其是起号阶段为了获得"成单"数据,选择"直投成单",显然这是比较贵的流量,毕竟愿意购买产品的粉丝商业价值最高,但数量也是最少,物以稀为贵,此类成单流量是最贵的。当直播间逐渐成熟,需要考虑盈利的时候，必须考虑直播间引流成本，此时的千川出价寻求的是一种平衡，即低价让千川计划跑起来。

2. 产品所属的品类

不同产品品类，抖音的流量池规模不同，抖音带货品类榜单中排名靠前的品类，例如美妆、服装等行业，其流量池规模大，竞争更加激烈，溢价效应显著；相对小众或冷门品类，品类整体流量池规模小，但竞争相对不激烈，流量价格相对低一些。但随着抖音直播电商的高速增长，竞争内卷是不可避免的，千川付费流量越来越贵是大势所趋，因此还是那个观点，付费流量只能解决临时问题，而非根本问题，不可过分依赖付费流量。

3. 投放的时段差异

直播间开播的时段决定了引流的成本和效果，如果一个直播间选择黄金时段开播，必然带来引流效果不佳和引流成本高昂的问题，这其中的逻辑很容易理解。至于什么是黄金时段？首先是用户在线时段高峰期，例如晚上的7点到9点就属于黄金时段，此时段的活跃用户规模最大，平台流量比较充裕；判断是否属于黄金时段，还需要参考产品品类，不同产品品类的黄金观看时间存在差异，非强势的直播间总是力图避开黄金时段，相当程度上就是为了降低引流成本，尤其是付费引流的成本。

3. 千川计划的制订

千川计划的制订水平高低不一，通常一场直播需要制订几条和十几条，甚至更多的千川计划，有些计划开启之后跑不动，钱花不出去，其中一个原因就是出价的高低，如何把出价控制在合理区间内，让千川计划跑起来，这是一个优秀投手的价值体现。

4. 项目投流的预算

前面提到过，打造盈利直播间需要一定的资金预算，通常在50~60万元之间，其中相当一部分的预算就是用来千川投流，因此影响千川出价的关键要素之一就是项目预算是否充足，并且是否对直播间未来的运营有明确的规划，在这两种前提下出价范围可以放得更宽泛一些，尤其是溢价的出价策略有机会得到更多运用。

5. 项目的战略亏损

战略亏损指的是不着眼于直播间的当前盈利能力，而是借助一定的资金投入，不计成本为直播间在细分品类中占据竞争的优势地位，这在业内称为"炸场"。战略亏损往往是具有一定实力公司的战略行为，通过数以百万计的投流费用，确立直播间在某个垂直类目的优势竞争地位，所谋求的是长远的收益。

（三）什么是 Feeds Live？什么情况下会用该工具？

Feeds Live 就是抖音推出的稳直播间流量的专用工具，通常用于达人直播间。当一个直播间开播前，即便是最有经验的团队也会担心流量不稳定，因为无法预计此时平台的流量情况以及同行直播间的引流策略，而同一个品类的流量池规模是有限的，你多他就少，因此我们希望提前为直播间的流量"上个保险"，从而锁定一定规模的流量，这就是 Feeds Live 工具。

Feeds Live 的本质是抖音平台提供的一个定向人群包，这个定向人群包所包含了符合一定程度定向的用户流量，按照 CPM（Cost Per Mille，千人印象成本）的方式定价，越是热门和主流的标签关键词越贵，这是 CPM 基本的竞价模式。直播间的运营团队可以通过购买一个或者多个这种定向人群包提前"锁定"一部分直播间的基础流量。

那么 Feeds Live 与千川流量有何不同？首先千川投流是通过付费的方式，精心设定不同的定向参数，实现投流预算的效果最大化。但相对于 Feeds Live，千川投流存在更大的不确定性，毕竟精心制订的千川计划也有跑不动的情况，而直播间的时间宝贵，耽搁不得，此时要么启动备用计划，要么调整计划。Feeds Live 被称为"保量广告"，如一个定向人群包 5500 元可以保障 10 万人次的曝光，通常会有 1~2 万人次的流量溢出，即多跑出来的流量。需要说明一点，这个付费保量的定向人群包只是保量，并不保质，即 Feeds Live 不保障流量的精准性。

二者之间的区别还在于千川计划可根据直播间流量的情况随时停止，节省运营费用，而 Feeds Live 一旦实施，中间是无法进行操作的，只能一次性"烧"完，即便是中途下播，Feeds Live 也会一直"烧"到结束，不会停止。

此外，从费用预算的角度，Feeds Live 最低消费是 5500 元一个人群包，千川 Feed 直投最低消费 300 元即可，资金的运用方面更加灵活。

那么我们在什么情况下需要购买并使用 Feeds Live 工具呢？

1. 达人直播或者达人、明星专场直播

通常这种直播为了保障最终的 GMV，在引流方面不容有失，但前面说过，任何直播间的流量都存在波动的不可控性，这种情况下我们需要为这些达人直播或专场购买 Feeds Live，这是 Feeds Live 使用的最常见情况。

2. 品牌直播间

品牌直播间为了品牌形象或者维持品牌的曝光度，不太能够接受直播间流量不稳定，或者开播之后在线人数过低，因此品牌直播间也会开播前购买 Feeds Live，确保足够的在线人数和场观。当然，在以上基础上，品牌直播间购买 Feeds Live 也希望达到提升 GMV 的效果。

3. 预算充足情况下的爆品直播间

爆品直播间的货品是经过了测试有机会产生销量爆发的货品，而且爆品是有时效性的，一旦某个产品或品类概念火爆了抖音电商，运营团队就需要考虑在最短时间内完成最大化的收割，如何做到这一点？通过购买 Feeds Live 为直播间保持一定规模的流量，尽快完成爆品的价值收割。

4. 预算充足情况下的初创直播间

这类型的直播间，无论是货品、主播还是运营团队都存在很多不确定因素，为了能够快速起号和稳号，如果预算充足，在常规的千川投放基础上，通过购买 Feeds Live 实现直播间的核心数据提升。但这种情况并不多见，主要是 Feeds Live 的价格不低，对于初创直播间而言，这种投入风险有些过高。

如何购买 Feeds Live 呢？相对于常规千川投放随时制订计划，随时提交计划，Feeds Live 投放需求则需要提前 1~2 个工作日向平台申请。此外，Feeds Live 只能整点开启计划，因此我们需要在整点之前 15~30 分钟开播，通过时间差完成直播间的预热和提前演练，以便主播及运营团队能够以最好的状态承接即将到来的流量。

第四章
（Day22~Day26）

直播间五大核心数据打法

从实战的角度，业内从业者总是在强调直播间打法，什么是直播间打法？直播间打法为了提升直播间单项或几项数据，融合主播话术、货盘组合、引流策略、直播间工具等手法，探索出一套能够有效提升直播间数据的"组合拳"。正如本书前面反复强调的一个观点，由于抖音平台的规则在变，平台的流量在变，同行直播间在变，因此真正行之有效的直播间打法是不断变化的，需要针对特定的直播间，不断进行测试和探索，进而发现一套适合于当下环境的直播间打法。

既然直播间的打法套路千变万化，那么是什么决定了直播间打法呢？答案是直播间的关键数据，我们将从第 22 天开始，从直播间五个核心数据的维度，总结和提炼提升直播间打法创新探索的内在逻辑。需要说明的是，这五个核心数据是从以下七个数据指标中挑选出来的，分别是：成单、停留时长、互动率、平均客单价（ATV）、点进直播间、购物车点击率和涨粉，以上这些数据以对算法影响的重要性，从高到低进行排列的。当然，经验丰富的从业者因为对各自擅长直播间的运营思路的不同，对以上排序会有不同的观点，对此我们需要辩证看待，充分理解数据驱动打法创新的底层逻辑即可。

Day22　如何提升直播间成单数据？

一、每日任务清单

提升直播间成单数所涉及的相关技巧如图 4-1 所示。

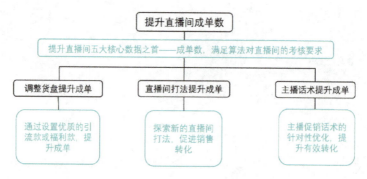

图 4-1　提升直播间成单数的相关技巧

二、洁洁创业日记：成单是系统算法考核的关键数据

8 月 21 号，星期日，天气晴。

成单、成单，还是成单！这是今天早上博哥开复盘会议的口号，主要原因是昨天的直播成单数量不够理想，原因是我们过于追求提升平均客单价，在货盘中加入了高附加值的高价香水产品，结果是显而易见的，直接导致了直播间成单数的断崖式下跌，看样子我们改直播间标签的行动过于激进了。

"直播间运营的误区是追求高利润，这本质上并不符合直播电商的特点，直播间电商为什么能够吸引用户购买，首要因素是产品的性价比。此外，抖音算法也是将直播间的成单数量放在关键指标的首位，你的直播间首先要有成交转化，否则算法就不给你推送流量了。按照你们的调整策略，成单数一夜回到解放前，那岂不是还要重新起号？"博哥的运营思路显然更贴近算法本身，而非简单地考虑直播间GMV和盈利。

"如果我们直播间成单数量很高，但成交的都是低利润产品，甚至是亏损产品，那怎么办？"中控小麦显然还是比较关心产品本身的盈利问题。

"流量入口五大指标，权重排在第一的就是单量（即成单数量），因此起号的关键是看单量，起号前期，可以从单量做起来，即使客单价很低，例如9.9元，这些都无所谓，先将号做起来再说，后面可以再改客单价标签。"博哥耐心地解释道："你们直播间在稳号阶段，实际上并没有完全度过起号的高风险阶段，通过提升客单价改直播间标签可以慢慢来，直播间用户也是需要逐步沉淀过滤，操之过急反而得不偿失。"

"你们现在是没有自己的店铺的，假设将来自己运营抖音小店，就会知道只有尽快成30单，个人小店才有店铺口碑分，由此可见抖音算法对于成单数量的重视程度。"博哥提到了我们的小店，看样子他对于我们的香水号也比较看好。

"博哥，如何有效提升成单呢？有哪些比较实用的方法？"我及时将问题引向了本质，希望团队成员能够得到一些实战技能的提升。

"好的，我来讲一下具体的方法，不过首先说明，我的这些方法不一定适用你们的直播间，而且某些玩法套路存在有效期的，等你们学会之后，系统算法会不会调整，这个我也保证不了，你们理解背后的逻辑即可，具体方法还要自己探索。"博哥转向直播间的移动白板，开始以表格的方式展示提升成单的方法，如表4-1所示。

表4-1 提升成单数据的方法

产品	产品选品	具有爆品潜质的选品是提高单量的核心，尤其是引流款或承接款的选择，更为关键
	产品价格	快速提高单量，在不考虑成本以及利润的基础上，低价一定是王道。如果不想拉低客单价，可选择"高返"的形式，高价拍下，收到货好评再返一部分

(续)

主播话术	逼单	利用主播话术，在规定时间（利用54321倒数）内或库存有限的背景下降，引导客户尽快下单
	踢单	踢掉那些拍下但是没有付款的人，借此营造产品热销的局面，同时通过踢单增加有限库存，激发用户下单的紧迫感
	秒杀链接	一般情况下，上架产品数是在线人数的1/4，提升产品价值感，同时以"限时限量秒杀"的方式刺激直播间用户下单
链接玩法	炮灰链接	同一个产品做两个链接，一个高价，库存显示"已拍完"，该链接就是"炮灰链接"，另一个链接显示秒杀低价，经此对比，来突出价格的优惠，同样促使受众下单
	AB链接	两个产品链接都显示出来，但是其一不放单，买A链接送B链接。例如5号链接为A链接，6号链接为B链接，买5号送6号。AB链的作用主要是提高产品的性价比，促使其下单
主播人设		主播人设，尤其是专业型主播人设是促进成单的重要手段，例如体重管理专家、营养师等专业人设，可以抵消用户的犹疑心态，促进尽快下单成交
精准投流		在制订千川计划时，选择直投成单，以投流费用换取成单数

"博哥，我还听说一种七天螺旋玩法，这是怎么回事呢？"阿旭对于刚才博哥讲的干货非常满意，还学会了举一反三，已经进化到会主动提出问题了。

"这是打法是以七天为一个周期，在这个周期内把每一天的成交量递增做上去，例如第一天成交30~60单，第二天50~100单，第三天70~150单，第四天90~200单，第五天110~250单，第六天130~300单，第七天150~350单，这样就会引导系统算法认为这是一个'欣欣向荣'的直播间，更加愿意给这个直播间推送流量。"博哥耐心回答。

"那如何才能控制每天的成单量增加呢？"我问道，觉得自己抓住了问题的关键。

"七天螺旋打法提供了思路，具体方法还是上面表格中说的方法，只不过每天提升成单的目标更加明确了。"博哥轻松化解了这个问题。

今天主要的工作和收获就是如此了，至于今晚的直播，留待明天上午复盘会议解读吧。另外，今晚的直播依然是博哥坐镇，小伙伴们格外有底气，起码不会犯一些低级错误了，例如强行提高客单价，导致成单数急速下降。

三、深度课堂

本期深度课堂的具体知识内容如下所述。

（一）五大核心数据中，为什么成单数据最重要？

成单数据是抖音直播电商CVR，即销售转化率的核心构成，销售转化率的计算公式为 CVR=下单量/点击量，其中下单量也就是我们说的成单数。以上七个直播间最重要的数据，成单排在了第一位，说明这个数据的重要性非比寻常，其中的原因很简单，抖音电商需要的就是能够产生订单的直播间，其他各项数据表现再好，如果直播间没有成交转化或者转化数据不够好，抖音算法也会认定这是一个没有电商价值的直播间。

从实操层面来看，成单包括两个含义：销售订单的数量，称之为成单数，这种数据考核的不是具体的成交额，而是订单的数量，哪怕每一单成交的单价仅仅是一元钱。简单来说，订单数是系统算法考核直播间商业价值的根本，在算法看来能成交转化的直播间才是有潜力的直播间，否则就被算法自动忽略了。

成单的第二个含义是直播间的 GMV，即考核直播间的销售额，成单量乘以平均客单价。GMV 是抖音算法对直播间商业价值考核的终极数据，一个符合抖音算法预期的直播间，不仅可以产生足够的订单数量，而且能够产生规模销售，这对于增强抖音电商市场竞争力非常关键，在稳定成单数量的基础上，提升成交的 ATV（平均客单价），就可以做大 GMV。

如果一个直播间在起号或者稳号阶段，无法快速提升 ATV，那就先把成单数据做上去，这个相对而言简单一些，无非就是卖一些高性价比的产品，让系统算法对我们的直播间建立基本的信心。

（二）起号和稳号阶段，如何提升成单数据？

直播间起号和稳号阶段，提升成单数据的打法分为两种情况：自然流量和千川投流。我们在前面讲过，抖音直播电商有一类打法是依靠自然流量的，基本不选择投流，这样可以有效降低直播间的引流成本，但劣势在于自然流量非常不稳定，而且泛流量较多，有些直接就是抖音流量算法挂的"大头娃娃"，这些都是系统生成的机器粉。

1. 自然流量

在自然流量的前提下，提升直播间成单，依靠的是货盘的优质程度，具体就是引流款或者福利款是否具有足够的吸引力。通常在选定具有促进成单数量的引流款或福利款之前，都需要进行产品测试，看哪一款低价和刚需产品具有最好的成单效果，甚至会选择远远低于成本价的方式，推出单一成单爆品，选择以亏货的方式促进成交，尽快拉升成单数量。此外，在这种操作思路前提下，直播间不需要复杂的货盘，甚至只选择成单爆品和一个承接款即可，不需要利润款，直播期间的切款也不需要很复杂，主打成单爆品即可。如果想要降低亏货成本，可以适当推一下承接款，回收些许的利润，但整体战略就是做大直播间的成单数量，其他因素皆可忽略。

此外，能够推动成单数量提升的就是主播话术，主播能够将引流款或福利款的价值感表达得足够到位，吸引进入直播间的粉丝下单，这是对主播以及主播话术的实战考验。

2. 千川投流

在千川投流（即付费流量）的前提下，提升直播间成单，主要投直播间人气，辅以引流款或者福利款的吸引力，促进成单数量的提升。直播间的不同阶段以及行业的差异，千川付费流量的打法不尽相同，起号阶段的首要任务是打出直播间模型，但也有一种打法比较简单粗暴，通过随心推、千川极速版，或者选择达人定向，直接拦截同行直播间的用户，以快速提升直播间人气为首要投流目标，主打成单，快速建立直播间的商业价值。

（三）为提升成单数据，导致亏货很严重该怎么办？

直播间引流主要有两类手段：亏货和亏钱引流。前者是以通过销售引流款和福利款的方式（低于正常产品售价），快速提升直播间人气以及成单；后者是通过千川投放付费流量，直播电商的引流方式都是在以上两种范围之内。抖音直播间提升成单的方法，主要就是靠亏货，通过刚需爆品的引流款或福利款快速成单，但这种方式的弊端是会造成一定程度的亏货，我们如何看待这个问题？两个方面的理解：一方面在直播间主打成单的前提下，亏货引流几乎是不可规避的问题。新直播间主打成单，选择亏货促成单是必然的选择，而且在同行直播间竞争日趋激烈的情况下，有时候亏货都未必卖得出去，成交价在9.9元的产品也有可能无人问津。对于品牌店播而言，必须对于亏货促成单建立充分的心理预期，有可能会形成较大的亏货额度。

另一方面，亏货促成单是阶段性行为，不可大规模持续。主打直播间成单通常发生在新直播间起号或稳号的过程中，属于"下猛药"的阶段行为。对于成熟直播间而言，通过亏货打成单也是临时优化直播间的成单数据，同样不是长期行为，毕竟直播间最终还是以盈利为目的，亏货引流还是要算经济账的。

此外，如果我们通过亏货的方式主打成单，切记直播间的货盘构成不可太复杂，切款要简单化，例如直播间就两个单品，分别是引流或福利款，以及承接款。当我们需要主打成单的时候，放出引流或福利款促成单，如果流量来了，同时担心亏货太多，这个时候切承接款，如果承接款的表现良好，则大力推承接款，促成更大的成单和 GMV，先不要考虑销售利润，即便承接款利润微薄，也可以通过放量销售获得一定规模的利润。简单来说，想打爆一个产品，只要该产品还有利润，就坚持销售这个单品，促成最大化的成单量就行了。

（四）单打成单数据，是否会导致直播间被打上廉价标签？

答案是会产生这样的弊端。举例来说，通常直播间依靠性价比引流款或福利款促成单转化，当成单量和 GMV 提升之后，会导致抖音算法认为这个是廉价直播间。这是一个取舍问题，如果新直播间的成单数据上不去，这个直播间就会起号失败，也就没有后续稳号阶段调整标签的机会了，毕竟对于新直播间来说，活下去比什么都重要。从 2022 年抖音系统算法的调整来看，已经对依靠低级福利款促成单的打法进行了限制，即低价福利款会导致系统推送低客单价用户进入直播间，这种打法事实上已经接近于失效了。

那么如何在抖音算法给直播间打上廉价标签之后，修正直播间标签呢？这个问题的关键是如何让直播间用户愿意购买价格稍高的产品，即如何提升直播间的平均客单价，图 4-2 所示的 3 个途径可以作为参考。

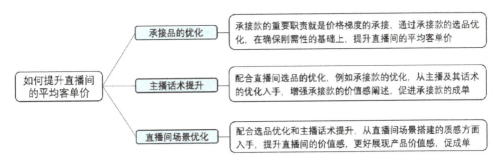

图 4-2　如何提升直播间平均客单价

1. 承接款的优化

承接款是存在销售利润但价格比引流款或福利款稍微高一些的产品，例如福利款的定价是 9.9 元，承接款的定价可以是 19.9 元，通过这种小幅度的产品售价上涨，产生微薄销售利润的同时，拉高直播间的平均客单价，逐步改善直播间的廉价标签。

因此承接款的选品非常关键，它是拉高直播间平均客单价的重要手段，需要直播间运营团队不断进行测试，最终确定具有一定单价水平，同时具有爆品刚需的产品。

2. 主播话术提升

承接款能够成功发挥价值,除了选品因素以外,最主要的促进因素就是主播的话术,如何将价格不太高的产品,通过话术表现得非常具有价值感,让直播间用于产生强烈的购买冲动,这是成承接款实现销售转化的关键。

此外,主播话术要想取得更好的效果,必须与主播人设结合在一起,增加主播话术的可信度,例如主播作为产品专家的人设,非常有利于增强产品话术的可信度,从而更好地呈现产品的价值感。

3. 直播间场景优化

承接款的价值感,除了通过主播及其话术进行体现以外,还可以通过直播间场景的优化,增加用户对于承接款的价值认同。直播间场景的优化主要方向是,提升直播间装修的档次,包括硬装和软装的手段,具体根据资金预算而定,让直播间显得更有价值感,辅助承接款的销售转化。

总结而言,被打上廉价标签的直播间,想要通过提升客单价的方式,优化直播间标签,进而获得系统算法推荐高客单价流量,这是需要一个过程的,而且该过程并不容易达成,需要在货品、主播和直播间场景,尤其是前两者因素发挥作用的情况下,才能达成我们想要的结果。

Day23 直播间停留时长的提升

一、每日任务清单

提升直播间停留时长所涉及的相关技巧如图 4-3 所示。

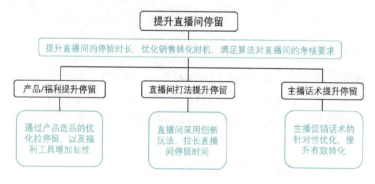

图 4-3 提升直播间停留时长的相关技巧

二、洁洁创业日记：停留时长创造了转化的更大可能性

8月22号，星期一，天气阴。

昨天的直播在博哥加持之下，数据总算没有太难看，这里指的是成单数据，因为我们把原本添加的利润款下架了，福利款和承接款各增加了一种，其中福利款的承担转化不错，成单了800多单，虽然低价导致了略亏，但总算挽回了这个直播间成单急速下降的危机，所以今天我们直播的重要任务是如何把承接款促成单，回收点利润，不能总是亏货引流，初创团队也亏不起啊。

"博哥，我有个问题请教，今天的主要任务是促进承接款成单，在以前我们采用的方法之外，还需要重点发力在哪里呢？"今早的复盘分析接近尾声，我趁机将话题转向了今晚直播的核心任务，急不可耐地提出了团队的"灵魂发问"。的确如此，创业至今23天了，所实话我们团队需要了解的算法逻辑，能够采用的调整手段基本上都尝试了一个遍，但还是无法有效促进承接款的销售转化，更不用说利润款了，除非花大价钱直投成单，强行引流促成交转化，但这个成本让我们想都不敢想。

"有个问题你们有没有想过，如果排除了选品本身的问题，承接款为什么卖不出去？"看这个架势就知道博哥要开始循循善诱了。

"那影响因素就多了，主播话术、直播间装修、福利款玩法等，但是这些我们都尝试过了啊，也许存在发挥效果的问题，但就是促成单效果不明显。"阿旭坦诚地回答。

"有没有这样一种可能，进入直播间的用户停留时间不够，你们主播的话术和玩法还没来得及展示，用户就走了呢？"博哥和颜悦色地说道。

"博哥，你的意思是我们直播间的停留时长不太够，导致很多调整用户根本感知不到，让我们前期的调整效果大打折扣了？"还得是数据琳，反应速度就是快，迅速抓住了博哥问题的核心。

"没错，如果直播间的停留时长不够，很多计划采取的措施是没有机会展示给直播间用户的，所以效果不佳也是正常的。"博哥最终把问题落到了直播间停留时长这个点上。

博哥一边说着，一边走向了直播间的白板，开始归纳提升直播间停留时长的方法。

"常用的拉直播间停留的方法已经罗列到了表格（如表4-2所示）上，这些方法也许到你们用的时候，已经效果大打折扣了，因为还是那句老生常谈，抖音随时都在调整规则，你们领会精神即可，将来要做到举一反三，自己创新一些有效的打法。"将近一个小时之后，博哥结束了今天的培训讲解。

表4-2 直播间拉停留时长的方式

产品	产品选品	产品依然是核心,好的选品自然具有吸引力,能够拉住直播间用户,停留并听产品的简介
	福利款	利用极致性价比的福利款吸引直播间用户,通过福利款的玩法,引导用户增加停留
福袋	福袋玩法	官方提供的增加停留时长的工具,运用福袋的不同玩法,吸引直播间用户增加停留时长
链接玩法	预售玩法	点击"去抢购",预售时间可自行调整,通过控制放单节奏,吸引用户习惯性进入直播间,一是提升直播间点击率,二是可以拉停留时长
	高货低价	高货低价展示,但显示无库存,用微憋单的方式,引导用户增加停留时长
融合直播	直播创新	蹦迪+卖货、唱歌+卖货、演戏+卖货、砍价+卖货、游戏+卖货等,创新直播方式,增加兴趣点
直播间	背景风格	暗黑、温馨、田园、室外、工厂、商场等,尽量选一些新奇特的场所
	倒计时	放置电子表倒计时,并说明几分钟后给大家上福利,引导用户增加停留时长
话术玩法		停留在直播间××时间,就送××产品
		预告有价值感的产品,并告知稍后会以福利价送给大家,引导用户等待

停留时长,看起来并不起眼的数据指标,确实提供了更多影响客户的时间舞台,没有足够的停留时长,即便我们做出了改变,用户也没有接收到。"博哥,最后一个问题,多长的停留时长算是合理的呢?"我总结性地发问,因为感觉小伙伴们也想问类似的问题。

"通常不能低于50秒,最好是1分钟以上,具体要看产品品类或者是否具有爆品属性。如果是爆品,基本上30秒的停留就够了,因为产品本身够强嘛。"博哥显然对于这个问题早就有备而来,回答格外干脆。

今天的培训就到此为止了,又是收获满满的一天!

三、深度课堂

本期深度课堂的具体知识内容如下所述。

(一)停留时长这个数据有什么意义?

停留时长指的是用户平均驻留直播间的时间长度,这个数据在抖音电商的数据主屏中清晰地显示出来了，如图 4-4 所示。

图 4-4　直播间的停留时长数据

那么多长的停留时间算是合格呢？通常而言，抖音人群看直播时长在 40～50 秒以上才算基本合格，平均在 1 分钟以上属于正常，如果可以将用户的直播间停留拉到 2～3 分钟以上，那就算是非常难得了。关于最低停留时长，行业内也没有明确的标准，根据直播间的类型不同，最低停留时长也不尽相同，例如爆品逼单的成交模式，停留时长 30 秒就足够了，因为直播间用户的"流动速度"也是 30 秒更换一波，每隔 30 秒主播总是面对崭新的直播间用户，需要循环重复逼单话术，进行新一轮的销售变现。

直播间的停留时长有什么意义呢？它反映了直播间的两个特点：一个是直播间的内容是否优质，这些内容包括主播、产品、场景设计等因素综合在一起是否能够对用户产生黏性，体现了抖音一直强调的"内容优质"的评价导向；另一个是用户如果有足够的驻留时长，则将提供更多销售转化的时间和空间，有助于提升直播间 GMV。除此之外，拉升直播间停留时长，还为直播间互动和涨粉提供了更多的可能性，而这两个数据对于抖音算法评价直播间而言也占有一定的权重。

（二）通过什么方式可以拉停留时长？

抖音直播间拉停留时长（简称"拉停留"）的方法，在今天的洁洁日记中已经进行了展示，接下来将这些方法及其底层逻辑进行详细梳理，目的在于让创业型团队知其然，更要知其所以然，在洞悉基本逻辑的基础上，根据不同直播间的具体情况，不断创造新的打法套路，如图 4-5 所示。

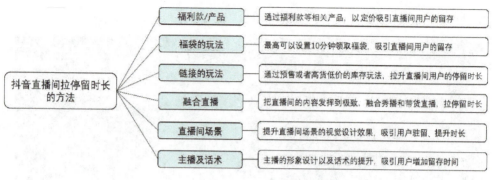

图 4-5 提升直播间停留时长的方法

1. 福利款/产品

福利款是拉停留时长的首要选择，通过憋福利款的方式，吸引用户停留，获得抢购福利款的名额，尤其是具有爆品潜质的福利款，拉停留时长的效果更好。此外，直播间其他产品，如承接款或利润款的选择，同样对于停留时长影响明显，如果产品本身具有差异化卖点或符合消费者刚需，则直播间用户愿意停留，从而聆听产品的详细讲解。

相对其他拉停留时长的方法，通过产品获取高停留时长是所有直播间的最基础做法，考验的是直播间选品团队的能力，唯有过硬的货盘才能从根本上解决停留时长的问题，其他的方式更多是临时的玩法套路，随时都有过时失效的风险。

2. 福袋的玩法

从某种意义而言，福袋可以看作是抖音官方推出的"数据工具"，拉停留时长和提互动数据的官方工具。抖音规则对于直播间的各种玩法限制颇严，所以很多抖音直播间的玩法套路经常失效，因为抖音的规则随时都在变动，而福袋实际上将各种利益诱导的玩法统一到官方工具当中，避免直播间运营的过分自主创新。不仅如此，直播间用户抢福袋的前提是加入粉丝团并公屏互动，因此福袋也间接提升了直播间的涨粉和互动数据。

福袋分为两种：自定义福袋和普通福袋。自定义福袋需要主播设定奖品，但需加白（即加入白名单）使用（申报审核）；普通福袋发放的是抖币，无需加白使用。关于福袋的申请，主播需要提前 3 分钟向系统申请审核，注意把控这个时间的提前量，关于审核通过的结果不会专门提示，直接会出现在直播间的左上角，主播需要关注并提醒直播间用户领取福袋。此外，福袋的奖品名称必须清晰，且奖品价值不可超过 5 万元，获得福袋的用户需要在 7 天内填写收货信息，否则视为放弃。

3. 链接的玩法

此处的链接实际上指的是产品链接，因此链接的玩法离不开产品，只不过为了拉停留时长，在产品上链接的时候采取适当的技巧，例如不定期上高质低价的产品，以不定期抢购的方式放给直播间用户，用优质产品和低价营造抢购效果，用不定期放单吸引用户停留。类似的产品链接还可以包装成"预售模式"，以低价不定期放单，直播间用户可以用1元获得预售权，等待产品购买链接上架，这也是直播间拉停留时长的产品链接玩法。

产品链接的玩法类似于自定义福袋的玩法，都是用福利的方式，送出高性价比的产品。福袋是抖音的官方工具，违规的可能性较低。产品链接的玩法，容易碰到抖音"明显低于成本价销售"的红线，导致直播间违规，因此可以采用预售模式，以低价获得预授权，之后再通过支付尾款的方式获得产品，绕过抖音上述的限制机制。

最后强调一点，产品链接的玩法关键是产品本身要具有强大的吸引力，能够引起直播间用户的消费冲动，进而产生愿意等待的心理，这对选品是一个考验，而且需要在实际操作过程中，不断调整用于链接玩法的产品，测试出最能拉停留时长的产品链接方式。

4. 融合直播

我们在前面的内容中不止一次提到了融合直播，这是近期最具创新的直播玩法之一，将才艺展示的秀播元素用于带货直播间，包括改变带货主播和副播的固定构成，采用多才艺主播的方式，并且在主播话术方面进行创新。

融合直播可以结合的才艺展示方式比较多样，包括歌唱、乐器、舞蹈等，这些内容加之主播的形象设定，能够让直播间在众多传统带货直播间中脱颖而出，快速在抖音算法中建立模型和标签，获得流量推荐。

融合直播因其创新的主播设定和直播内容，能够有效吸引用户的点击进入和停留。从未来发展来看，融合直播能否具有持久的生命力，还有待实践验证。除了融合直播的"内卷"竞争以外，抖音官方是否对融合直播加以限制也是不确定因素。

5. 直播间场景

刚才我们提到的融合直播也是直播间场景创新的一种方式。融合直播不仅是主播阵容创新以及才艺元素的融合，在直播间场景的风格设计方面也可以进行创新，例如夜场风格、女巫风格等，具有显著视觉和氛围差异化的直播间场景，这些场景本身具有强烈的视觉吸引力，可以帮助直播间拉停留时长。

但直播间场景的创新需要把握尺度，过度关注了直播间的新奇特，而忽略了直播间本质上是"销售转化场"的属性，这就是本末倒置了。在直播间的视觉风格上可以推陈出新，但直播间的场景设计还是要有利于销售的转化和达成，必须符合直播间销售产品的定位，或者符合品牌的定位，而不可追求为拉停留时长而造成的另类直播间场景效果。

6. 主播及话术

主播及话术也是直播间拉停留时长的重要因素，实际上直播间很多关键数据都是与主播及其话术密切相关的，包括互动、涨粉和下单。当然主播及其话术不是孤立的要素，而是结合前面提到的福利款、福袋、产品链接、融合直播等玩法，这些拉直播间停留时长的玩法是否奏效，很大程度上有赖于主播吸引力及其话术引导的效果。

总结而言，停留时长创造了直播间促进销售转化的时间窗口，其重要性值得我们用各种创新的方法去尝试，但其根本依然是"人货场"三个要素的创新组合，停留时长最终是为了给销售转化创造机会，服务于产品的销售转化，而非刻意营造的直播间"虚假繁荣"，因此无论是直播间玩法套路创新，还是融合直播的运用，停留时长的价值最终还是体现在直播间的货品转化，这是由直播电商的本质所决定的。

Day24 直播间互动率的提升

一、每日任务清单

提升直播间互动率所涉及的相关技巧如图 4-6 所示。

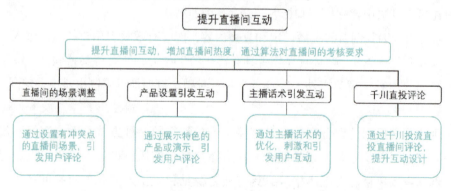

图 4-6 提升直播间互动率的相关技巧

二、洁洁创业日记：互动是直播间活力的重要体现

8月23号，星期二，天气晴。

昨天的直播，从数据来看改善并不明显，尤其是停留时长，按照博哥的说法，所有提升直播间数据的方式都需要时间沉淀，并不太可能立竿见影，只要方式没有问题，就值得坚持下去，慢慢看到直播间相关数据的改善。

昨天直播数据令人眼前一亮的是"互动数据"提升明显，我们团队内部的初步判断是作为人气美女的小唐提升了直播间的话题热度，毕竟香水号直播间的男性用户比例占据了将近7成，虽然前几天发起了"洗粉行动"，但香水号本身的行业特性决定了，男性粉丝的比例远高于女性，起码从我们团队的实践来看是这样的。

"昨天的互动数据表现不错，这是一个有价值的进步，大家想想为什么？"博哥对于团队的辅导还是尽心尽责，总是引导我们从直播数据中发现运营的真谛。

"我觉得互动数据提升，对于销售转化意义不大啊，你看昨天的成交数据，并没有很好的提升啊。"我的回答似乎有点南辕北辙。相对于互动数据，现实的我更加看重成交数据，毕竟创业已经快一个月了，直播间单场GMV刚刚突破两万元，距离团队内部设定的单场GMV十万元还有不小的差距呢。

"最近你们的直播，整体还不错，虽然最近单场GMV提升不明显，但处于上升的趋势中，GMV的稳定和提升是一个系统工程，不是单一要素的作用，例如从直播间互动率的提升同样有助于销售转化。"听到我的回答明显跑题，博哥力图将话题拉回正轨。

"嗯，互动数据的提升，有助于系统算法判定直播间属于'优质'直播间，从而提高直播间流量池等级，为更大的引流规模提供可能性。"相对于我的跑题，阿旭还是善解人意，顺着博哥的思路回答问题。

"看样子，阿旭理解了直播间互动数据背后的流量逻辑，其实提升互动率还有好处，例如可以创造销售高毛利产品的机会，提升直播间的盈利可能性，毕竟GMV并不一定带来盈利，你们的挑战不是30天打造能够盈利的直播间吗？"博哥开始抖包袱，准备给我们深挖互动数据背后的好处。

"我们通过互动，可以创造与更多用户交流的机会，也就提供了进一步说明产品卖点的机会，不仅能够提升成单转化，而且还创造了销售高价值产品的机会，起码可以推荐给直播间用户。"我一边整理思路，一边说，似乎明白了互动数据提升背后的逻辑。

当我们看到博哥拉出身后的白板，就知道今天提升直播间互动的课程开始了。提升直播间互动的方法如表4-3所示。

表 4-3 提升直播间互动的方法

主播话术	发货套路	利用下单用户快速发单的急迫心理，引导用户在公屏打"已拍"两字，后台备注优先发货
	库存套路	后台卡库存，主播话术引导，想要的用户，公屏打出"想要"，没有抢到的用户，打"没抢到"三个字，主播再放库存
链接玩法	复合链接	一个商品链接里有多个选项，并且每个选项以编号命名，扣编号展示商品，此链接也能够提升直播间的互动停留以及商品点击率。例如：一个选项为3298，另一个选项为3657，想要看具体商品，就在公屏上扣数字
	引流链接	此链接在提升互动率上也有一定作用，比如：价值千元的产品套盒，链接是1元，并且显示已拍完，很多人会主动评论问主播，套盒再次秒杀的时间，进而引发互动
福袋工具	口令福袋	通过设置口令，让直播间用户在公屏打出口令，获得福袋。主播输入的口令，即是受众评论的内容，只要受众点击直播间左上角的"福袋"，评论就会自动生成，受众只要点击"发送"即可
精准投流		标签选择"直播间评论"，系统就会推送一些喜欢在直播间评论的人群进入你的直播间，以此来提高直播间的互动率

互动代表了一个直播间的活跃度，因此系统算法会重点考核直播间的这个数据指标，之前我们的互动主要依靠主播个人因素带动，尤其是副主播小唐简直就是拉互动神器，我们内部称呼小唐为"互动工具人"。经过今天博哥的讲解，我们还是需要从多个方面入手，尤其是主播话术和链接玩法的运用。

今晚22：00，香水号的第十一场直播！期待直播间数据的神奇变化吧。

三、深度课堂

本期深度课堂的具体知识内容如下所述。

（一）直播间互动数据有什么意义？ 为什么算法比较重视该指标？

我们不止一次提到过，作为头条系的主打应用——抖音，本质上仍然是一个短视频内容平台，抖音算法评价创作者输出内容的优劣，其中很重要的指标是用户对于内容的评论，评论量决定内容的热度，进而推动系统算法为内容推荐更多的流量展示。抖音电商也继承了这种逻辑，只有那些评论热烈的直播间，流量算法才会认定为优质的直播间，进而为这个直播间打开流量通道。

直播间互动数据提升存在如图4-7所示的4个方面的意义。

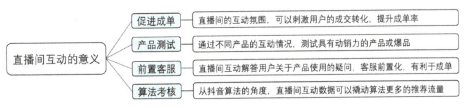

图 4-7　直播间互动的意义

1. 促进成单

直播间氛围的重要构成就是直播间互动，通过用户与主播、副播，尤其是场控的互动，营造有利于成交转化的热烈氛围，刺激直播间用户的购买冲动。

2. 产品测试

直播间用户对于产品的讨论评论、购买咨询等互动信息，结合将要分析的商品点击数据，可以帮助我们判定哪款产品具有用户号召力。如果咨询某款产品的用户比较多，但是成单较低，有可能是产品受欢迎但性价比不高，可以通过调整价格促成单。

3. 前置客服

直播间里有关产品的互动，大多数是沟通产品型号、使用以及价格等信息，这些互动信息本身就是前置客服，有助于打消用户的购买顾虑，促进成单。

4. 算法考核

我们之所以运用各种直播间打法套路，提升直播间互动，本质上还是通过抖音算法的指标考核，打开流量推荐通道，撬动更多的自然流量。互动不足的直播间缺乏活力，流量算法显然不会分配流量给这样的直播间。

（二）提升直播间互动数据的方式有哪些？

从实战来看，不同直播间的运营方探索了很多提升直播间互动的打法，有些打法并不符合抖音算法的要求，因而这些打法在不断创造出来的同时，抖音平台也在不断修正规则，打压一些不符合原则的直播间打法，也就是说实操中并不存在一种固定的打法套路，图 4-8 所示的 5 种方式可作为重点参考（方法的排序与重要性无关）。

1. 场景冲突

什么是冲突？突破惯常认知或者经验之外的创新概念，对于直播间场景设置而言，我们可以在场景设置中植入一些"冲突点"，例如货品独特的陈列方式、"不合时宜"挂件摆设等，这些直播间场景设计上的巧心思，除了突出直播间场景的差异化以外，还可以引发直播间用户的互动。

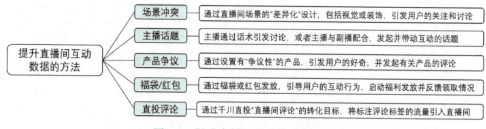

图 4-8 提升直播间互动数据的方法

2. 主播话题

主播话题的运用包括两种实现方式。一种是主动的话题引导，依靠主播话术以及对实时进入直播间用户打招呼，引发用户的回应进而产生互动，这种方式对于主播的控场能力要求较高，不可过于频繁，并注意互动话题的尺度。另外一种是被动的话题产生，例如主播的形象设计、语言风格，甚至是主播与副播的话题互动等，这些都是引发直播间互动的方法。需要强调的是，所有的话题互动方式，都需要注意话题的内容以及尺度，避免触发抖音算法的拦截机制以及遭举报。

3. 产品争议

这里所说的产品争议，并不是真的争议纠纷，而是话题营造。通过设置"新奇特"的引流款或者福利款（这些相对于承接款和利润款，可以灵活变化），来引发直播间用户的讨论互动。这种互动方式容易合乎平台规范，但对选品的要求比较高，毕竟"新奇特"同时具备一定刚需性的产品不是那么容易找到的，需要强大供应链资源的支撑。

4. 福袋/红包

当前直播间经常用到的打法，借助福袋和红包发放，引导直播间用户参与互动，例如点赞量到达一个数字，直播间开始发放红包或福袋，鼓励用户点赞；也可以询问用户要不要福袋或红包，想要的在公屏输入"想要"或者"要"，如果互动比较热烈，主播就开始发放福袋或红包；还可以呼吁抢到福袋或红包的用户，在公屏打出"抢到"等字样，提升直播间的互动氛围。

5. 直投评论

通过千川直投，将转化目标设定为"直播间评论"，其背后的逻辑是将打上"喜欢直播间评论"用户标签的流量导入直播间，通过直播间的"人货场"因素，诱发这些用户的互动评论。这种付费方式对于提升直播间互动数据的效果是立竿见影式的，但这并不意味着以上其他的方法就可以忽略，效果虽快，但不可过度依赖。

（三）提升直播间互动过程中，判定违规的原则是什么？

作为经验丰富的直播间运营团队，必须时刻关注直播间的"违规"信息，尤其是在直播过程中以及设计直播间打法的时候，一旦违规发生，则直播间或强制下播或被查封，因此运营团队需要以 7~14 天为周期，密切关注平台的规则调整，并在实践中加以验证。图 4-9 所示为抖音算法（人工审核）判断违规的基本原则。

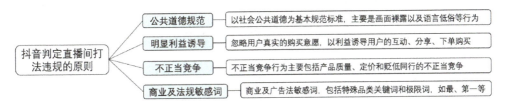

图 4-9 抖音判定直播间违规的原则

1. 公共道德规范

从电商的角度，公共道德规范似乎距离直播间运营有些遥远，风马牛不相及，但抖音作为头部内容平台非常爱惜自己的羽毛，肩负着倡导积极健康社会公共道德和秩序的重任，因此我们会发现抖音对于敏感词的规定，真正做到了事无巨细。

2. 明显利益诱导

明显利益诱导同样是抖音关注自身声望的具体表现，担心直播间的带货主播通过各种擦边球，以利益诱导消费者，导致消费者投诉，顺带降低了抖音平台的社会评价，甚至引发负面舆论危机。因此，类似于抽奖、折扣、打折、让利等，这些与利益诱导有关的说辞与打法都是会或多或少被抖音管制的。不仅是利益诱导词汇，还包括直播间的利益诱导的打法，例如明显低于成本价的销售行为，零元购、一元购等，都是会被抖音平台有所限制的。

3. 不正当竞争

不正当竞争包含的范围很宽泛，包括上面提到的以利益诱导或低于成本价销售产品来获得成单数据，这些都是不正当竞争的擦边球。此外，不正当竞争还包括主播在直播间的竞品对比，不得故意贬低竞品，提到竞品或展示竞品的时候，不得用夸张的贬低表情和语气进行描述，不得现场丢弃或破坏竞品，这些具体的行为都明确被抖音平台禁止。

不正当竞争还包括恶意投诉同行直播间，这种情况抖音平台比较多见，因为竞争对手直播间冲上了整点带货榜单或者占据了明显的竞争优势，这种情况下为了打击竞争对手直播间，有些直播间运营会利用平台规则发起投诉，严重的甚至会导致竞争对手直播间封号7天。

4. 商业及法规敏感词

抖音带货主播都知道抖音的敏感词表是事无巨细，不仅是某些限制类品类，即便是大众品类的主播话术都受到非常多的限制。这些敏感词相当一部分来自于《广告法》以及其他商业敏感词，总体的原则依然是引导主播克制，杜绝对用户的洗脑式销售，避免虚假宣传的隐患。

最后对提升直播间互动数据的打法做一个总结，总体上可以分为：官方工具和自创打法。官方工具主要是点赞、红包、福袋、行为定向投流等玩法，提供给直播间运营一些合规的打法，因此以上官方工具就出现了，基于这些工具的运用相对比较安全，效果如何就看具体实施的内容了。自创打法更加受到资深运营的欢迎，在符合抖音基本原则前提下，按照图4-8列举的类型，充分发挥主观能动性，创新提升互动的新鲜打法。

Day25　点击进入直播间数据的提升

一、每日任务清单

提升点击进入（简称点进）直播间数据所涉及的相关技巧如图4-10所示。

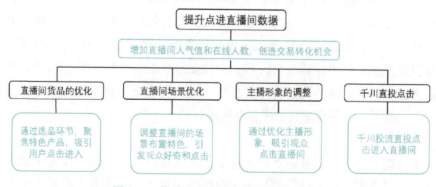

图4-10　提升点进直播间数据的相关技巧

二、洁洁创业日记：点击率代表了直播间的"魅力值"

8月24号，星期三，天气晴。

昨天晚上香水号的第十一场直播取得了前所未见的成功，主要体现在单场 GMV 突破了 3 万元，这是一个新的历史纪录，同时直播间的互动数据有了明显改善，体现在账号粉丝已经突破了 5000 人，并且有了音浪打赏，虽然不多但也是前所未见的。

"首先恭喜各位，从昨天直播的各项数据来看，你们的直播间基本上已经稳定了。"平时一脸严肃的博哥难得这么夸奖我们："如果你们的直播间想要实现更大的 GMV，必须引入更大的流量，大家这么看待这件事情？"

"我觉得最主要是解决付费引流的问题，我们的预算始终是不足的，直播间刚刚实现盈利不久，手里没有'弹药'啊。"我首先发言，这个问题也是最近小伙伴们私下议论最多的问题，如何才能快速扩大直播间的销售规模。

"琳琳，我想听听你的看法。"博哥选择忽略我的回答，将问题抛给了数据琳，这几天数据琳比较沉默寡言，不知道她又在思考什么高深的问题。

"我认为投流是快速放大引流的方法，因为前期我们采用了所有自然流量能用的打法，流量规模只能支撑现在的 GMV。"数据琳认真思考了一下，有点自言自语："但是投流有个问题，只能是将直播间展示给'精准用户'看到，如果他们不点击进入直播间，我们的投流效果也是大打折扣的。"

数据琳的话有点弯弯绕绕，我们听了之后，都沉默了一会，仔细揣摩这番话的含义。

"抖音直播间的五大核心数据，我们前面几天测试了成单、拉停留时长和提升互动率，这些对于直播间的有效转化很重要，这一点大家都认同吧？"博哥开启了一贯的诲人不倦的授课模式："另外还有两个数据：直播间点击率和转粉率，直接影响了直播间'进人'的情况，今天我就教大家提升直播间点击率的方法。"

"直播间点击率？这个数据有什么意义呢？又不是下单购买，只是点进来直播间而已，他们可以马上退出啊。"急于让直播间产生更多盈利的我立即发表了反对观点。

"从直播广场刷到直播间，用户愿意点进直播间，代表了直播间的吸引力，无论是主播，还是产品带来的吸引力，这是抖音算法认定优质直播间的重要参照因素。"博哥此刻化身为理论专家，开始解析"点击进入直播间"数据的背后逻辑。

"啊！我懂了！"我突然大叫一声，把在场的所有人都吓了一跳："博哥，我们说的撬动自然流量，实际上就是把直播间核心数据做上去，而且这些数据之间相互关联和印证，最终目的是让抖音算法认为我们是值得关注的优质直播间，这才是撬动自然流量的底层逻辑，对吗？"我似乎真的顿悟了。

"洁洁，看样子你真正理解了抖音的流量推荐逻辑了，很有机会成为一个出色的直播间运营哦。"平时严肃的博哥难得开起了玩笑。

"我说各位，大家别愣着了，趁着今晚开播之前，请博哥带领我们讨论优化直播间点击率的方法，咱们今晚就做测试。"头脑简单的我一向行动力超强，赶紧给大家鼓励道。

按照惯例，优化直播间数据的首要因素是选品，刚好我们的直播间也到了更新货品的时间，在保持品类不变的前提下，用"新奇特"的产品更新了货盘，以求达到最大程度吸引"路过"用户点进直播间的目的。

此外，我们添置了一些直播间装饰品以及直播小工具，比如为了让阿旭的声音更有质感及更清楚，也同样为了直播的听觉效果更好，斥"巨资"买了一个电容麦（即电容式麦克风），外加一个电子屏，让直播间的背景更加具有夜店风格，第一时间展示直播间的吸引力。

最后，数据琳追着博哥仔细探讨了通过千川投流增加点击的方法，这种方法别的毛病没有，就是有点烧钱，所以除了数据琳深研此法以外，我们还都希望从货品本身和直播间改造方面增加直播间的吸引力，也算是侧面助攻了数据琳的投流操作了。

当夜幕徐徐降临，经过了一整天准备的我们，满意地看着焕然一新的直播间，尤其是货架上精心挑选的"撒手锏"新品，大家突然好期待今晚的开播，也很好奇所做的这些精心设置到底能够发挥怎样的作用？

三、深度课堂

本期深度课堂的具体知识内容如下所述。

（一）点击进入直播间并非意味着下单购买，该数据有什么意义？

这个数据实际上就是 CTR，即直播间点击率，计算方式：CTR = 直播间点击量/展现量。我们可在千川投放转化目标中，直投"进入直播间"来优化这一数据，如图4-11所示。

图4-11　千川投放转化目标类型

从商业角度而言，最有价值的数据指标应该是"直播间成交"，仅仅点击进入直播间的意义在哪里呢？在抖音系统算法看来"成交"是最终的结果，但并不能反映一个直播间的吸引力,况且直播间的成交转化率提升是一个过程,并非一蹴而就,除非是爆品直播间,因此抖音的系统算法需要多个维度的数据判断一个直播间的成长潜力,留给直播间调整优化的机会。例如直播间的点击进入数据很好,但成交转化不好,此时的系统算法还是会给直播间推流,等待直播间的运营方调整货品、主播或主播话术等因素,提升成交转化,彻底进化为一个优秀的电商直播间。图4-12所示为"点击进入直播间"这一数据的价值。

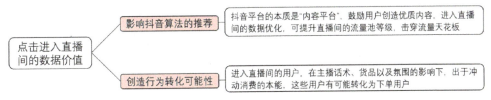

图 4-12 点击进入直播间的价值

简单而言,点击进入直播间的价值体现在两个方面:一方面是通过抖音算法的考核,其实本章讲到的所有数据指标,表面上都是为了通过抖音系统算法的考核,唯有如此才能为直播间打开最基础的流量通道,乃至击穿直播间当前的流量天花板,把直播间的流量池提升更高的层级;另一方面,点击进入直播间的数据提升,直接反映了直播间的吸引力增加,意味着"人货场"的合理匹配,创造了直播间用户购买行为转化的可能性。

从实战角度,固然很多点击进入直播间的用户,有可能短暂停留之后离开,似乎没有贡献太多的价值,尤其是没有贡献成单价值,但无形中这些点击进来的用户帮助直播间完成了系统算法的考核,让直播间的活跃度和吸引力被系统算法捕捉到,这就是价值了。

(二)通过哪些方法可以提升进入直播间的数据表现?

尤其是处于测号和起号阶段的新直播间,需要平衡和提升的直播间数据指标很多,前面说过最主要的是成单,而成单的前提是直播间等人气值,即点进直播间的人得多,人气值高在很大程度上可以激励主播和运营团队的信心,并且人气值高在正常情况下必然带来成交的高峰期,除非是产品和主播话术出了问题。图4-13所示为提升点击进入直播间数据的4种方法。

1. "人"的因素

"人"指的就是主播,具体包括如下两个方面。

一方面是主播的外在形象、妆容以及服饰等构成的主播形象,很多时候主播

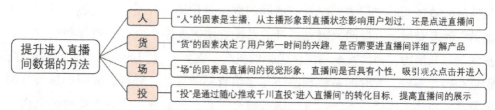

图 4-13　提升点击进入直播间的方法

的颜值对于观众点进直播间影响显著。

另一方面，主播的因素还包括主播的状态，是否保持了亢奋直播情绪，是否可以激发用户进一步了解的冲动；如果主播的状态过于平淡，类似于某些直播的"无聊摆拍"，那么直播间对于"过路用户"的吸引力就会大大降低。

综上所述，"主播形象+主播状态"决定了当抖音用户刷到直播间的时候，是否愿意点击进入直播间，进一步了解这个直播间的详细信息。

2. "货"的因素

货品永远只是直播间最为关键的要素，尤其是具有爆品潜质的货品，无论是引流款还是福利款、承接款和利润款，具有爆品潜质的货品能够第一时间吸引用户点进来直播间，进一步了解产品详情。新起直播间除了测试账号以外，测品也非常关键，实际上就是通过测试找出符合直播间垂类的，具有强烈吸引观看了解的产品，从进入直播间的角度来看，货品的性价比都不是关键，先确保用户有兴趣点击直播间观看并了解产品的详情。

3. "场"的因素

"场"包括物理场和氛围场（或气氛场），氛围场主要是主播、副播、场控等因素决定，物理场主要是直播间的装修和视觉风格。对于点击进入直播间而言，"场"首先解决的是直播间的视觉形象能够脱颖而出的问题，从而吸引用户刷直播的时候，可以为某个直播间停留，进而愿意点进直播间观看。从这个意义而言，越来越多的直播间非常重视视觉形象的设计，力图能够让直播间在同行直播间当中，从视觉上容易区分并展现吸引力。

4. "投"的因素

如果我们的直播间不是打自然流量，必然会涉及付费流量的运用，前面展示的千川投放后台，第一项转化目标就是进入直播间，行业内成为"投直播间人气"。由于投直播间人气不需要复杂的定向操作，因此我们通常在随心推或者千川极速版完成投放操作。此外，相对于直投成单，投直播间人气价格比较低，对于新起直播间做否因算法考核数据非常必要。

总结一下，提升点击进入直播间的数据，需要通过调整"人货场投"四个要素进行优化，当然我们对于以上四个要素的调整优化，也不仅是为了优化进入直播间这一项数据，这四个要素的优化同样可以提升其他直播间关键数据，例如互动、停留时长和成单转化等。

（三） 点击进入直播间数据高，是否意味着流量来了，可以切款变现了？

粗略来说，问题所说的逻辑没有问题，当进入直播间的人数到达高峰，趁着流量来了，赶进切款上利润款，把流量进行变现。但实际情况会如此简单吗？

一方面，直播间的实时在线人数高峰不一定是销售变现的最佳时机。什么是直播间的流量高峰期？大部人的回答是直播间的实时在线人数最多的时候，我们前面提到优化进入直播间的数据，就是拉高直播间人气，直接的结果就是推升实时在线人数。实际上，当直播间的实时在线人数到达高峰的时候，此时的流量更大可能是"泛流量"，甚至是"机器流量"，这些流量是没有商业转化价值的。什么是机器流量？对于直播间开播，抖音系统算法为了增加主播的信心，会为直播间导入机器粉丝，并长期驻留直播间，这些用户的头像通常是一个大头贴，因此被称之"大头娃娃"，显而易见这些流量不会存在任何销售转化的价值。

另一方面，能够变现的流量才是有价值的流量，而泛流量不是。直播间的流量构成相对复杂一些，图4-14所示为与商业价值和直播间流量相关的4种构成。

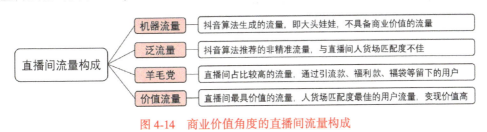

图4-14　商业价值角度的直播间流量构成

1. 机器流量
关于这种流量在前面刚刚提过，此处不再赘言。

2. 泛流量
需要说明的是直播间的泛流量是无法避免的，因为抖音系统算法对于直播间识别总是不够精准，推荐给直播间的流量与直播间的匹配度较差，这是正常现象。

3. 羊毛党
无论我们愿不愿意承认，直播间的羊毛党（即利用规则获利的群体）占比很高，这也是为什么当直播间流量上来之后，一旦切款上承接款或利润款之后，直播间流量就会大幅度下降，就是因为羊毛党此时会"大规模"离场，导致直播间的流量快速下滑，这也是无法避免的现象，即便主播的粉丝都是铁粉，忠诚度超高，也无法完全杜绝羊毛党的存在。

4. 价值流量

在直播间流量巅峰期之后，下降之后能够剩下的用户，往往有很大可能性是直播间最具价值的流量，此时的流量已经剔除了前面说的3种流量，精准度有一定的保障，此时才是切利润款进行变现的最佳时机，哪怕此时直播间人气值已不在峰值。

Day26　直播间涨粉数据的提升

一、每日任务清单

提升直播间粉丝数量所涉及的相关技巧如图4-15所示。

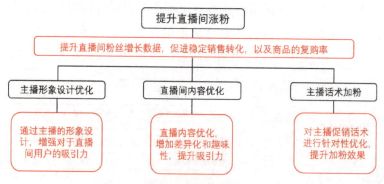

图4-15　直播间涨粉的相关技巧

二、洁洁创业日记：粉丝对于带货主播的关键价值

8月25号，星期四，天气晴。

今早首先是复盘会议，从昨天开播的数据来看，GMV稳定住了，基本上单场在3万元以上，停留时长在1分45秒左右。最关键是的点进直播间的人数提升明显，除了数据琳的投流功劳以外，我们认为最大的因素在于直播间的氛围焕然一新。而且货品经过了调整以后，明显能够吸引"路过"我们直播间的用户点进来一探究竟，从而满足他们的好奇心，顺带着我们的互动数据也改善明显。

第四章（Day22～Day26）　直播间五大核心数据打法

"果然是一路通，路路通啊。经过这几天直播间核心数据的优化调整，原来这些数据之间是密切相关的，一项数据的提升会带来其他相关数据的进步，我想咱们终于找到了运营的感觉了。"看到这样的数据，我有感而发，初步体会到了直播间运营的成就感。

"其实还有一个数据，对于你们直播间的长远发展非常有好处，而且目前也是你们比较擅长的，起码从数据表现来看很擅长，猜猜看是什么数据？"博哥看到我们取得的成绩也非常开心，辅导我们团队成长不仅是公司交给他的任务，更是大家相处下来之后，非常默契和投缘的原因，他俨然把我们当作自己负责的直播间在孵化。

"那是什么数据？我就看到了直播间现在的成交越来越好，在走上坡路。"我眼睛看着数据大屏，还停留在昨天直播停留的最后成交数据 32451 元。

"提示一下，自从小唐加入团队以后，这个数据就开始起飞了，哈哈。"心情大好的博哥难得这么有耐心，开了这么久的玩笑。

"我知道了，咱们直播间的粉丝团嘛，小唐的加入引发了粉丝团规模地疯狂生长，尤其是几个短视频一发布，现在的粉丝团已经突破 8000 人了，而且预计最近三天会突破 1 万人大关啊。"阿旭显然领会到了博哥问题的真正含义，笑着看着小唐。

"这是大家的功劳，哪能都算在我的头上，主要是运营团队支持得好，不断调整直播间的布置以及更新产品，而且和旭姐的配合越来越有感觉了。说实话我都不想结束实习，想要留下来呢。"小唐表现得非常谦虚，而且看得出来她说的是真心话。

"我有个问题，不是说抖音平台偏重公域流量，不像快手平台那么私域，因此直播间或者主播的粉丝规模不那么重要吗？直播间流量主要还是抖音算法推荐的吗？"许久没有发言的数据琳果然不同凡响，将问题引向了更深入的层面。

"这个问题应当一分为二地看待，抖音平台的流量机制的确是算法推荐制，不太鼓励或者允许头部主播垄断某个品类的流量，但转粉率或加粉率的确是反映一个直播间优质程度的重要参考指标，抖音算法不可能忽略它。"博哥又开启了课堂模式："因此一个直播间或者主播还是需要累积更大规模的粉丝量，这些粉丝可以为直播间贡献基础流量，同时具有一定忠诚度的粉丝可以有效提升销售转化，甚至会降低售后客服的难度，毕竟粉丝跟主播之间存在信任关系。"

"总结来看，同样都是卖香水的直播间，GMV 等数据都差不多的情况下，一个转粉率 20%，一个转粉率 2%，你觉得平台会给谁推更多流量？流量入口 5 大指标，转粉率也非常重要！"博哥最终结束了对于这个问题的"理论探讨"。

看到博哥拉出了几天没有用的白板，我们大家知道记笔记的时间又到了，"接下来，我以个人经验总结了一些涨粉的方法，大家可以集中讨论一下。"博哥扶了一下没有镜片的框架眼镜（自从他辅导我们团队以后，讲课机会多了，就开始为自己配备这样的无镜片眼镜，增强老师的修养气质），开始了在白板上勾画蓝图。

"以上就是我总结的加粉打法（如表4-4所示），虽然你们在加粉方面表现不错，但手段过于单一，说实话就是靠主播颜值，这是不足够的，也容易加到一些'色粉'，之前你们不是很受此类粉丝的困扰吗？"博哥一边总结陈词，一边敲黑板以示提醒。

表4-4　提升直播间涨粉数据的方法

话术技巧	价格转粉法	加入粉丝团可以享受优惠价格，以此诱导加粉
	礼品转粉法	后台备注是粉丝团的宝宝们，另外送××礼物
	库存转粉法	库存有限，稀缺产品是给粉丝的福利，诱导加粉
主播因素		主播的个人魅力，亦是吸粉的一大关键因素，尤其有特色（记忆点）的主播，有些主播无论是性格还是表达方式，容易累积粉丝
产品	产品本身	用户因为喜欢该产品并且为了复购而主动加入粉丝团，最好此产品为独家代理售卖，其他直播间买不到，会更拉转粉率
	产品价格	产品价格低于市场价，或者低于其他直播间，营造直播间或者主播的核心优势，可有效吸粉
优惠券	关注券	直播间发放优惠券，如某个产品的10元优惠券，要领此优惠券必须关注主播，借此提升转粉率
福袋	粉丝团福袋	发放粉丝团福袋，可以快速提升转粉率，当用户不是粉丝团成员，一旦点开粉丝团福袋，就会自动跳转加入粉丝团，提升转粉率
投流计划		标签选择"直播间粉丝提升"，系统就会推送一些喜欢加粉丝团的人群进入直播间，提高直播间转粉率

"现在我们的任务就是综合运用以上手段，更快地提升直播间的粉丝团规模，测试一下表中提到的打法技巧。"阿旭接上博哥的话题："今天下午的时间，我和洁洁、琳琳讨论一下加粉的策略，接下来就是老规矩，今晚开播做测试。"

唉，没办法，谁让我的杰西卡没有起号成功呢，看着阿旭指挥若定，我突然有点怅然若失，开始怀念我的杰西卡，一定要找机会和团队商量，趁着大家的经验日益成熟，赶紧商讨复活我的杰西卡。

三、深度课堂

本期深度课堂的具体知识内容如下所述。

（一）侧重公域流量的平台，涨粉数据有意义吗？

众所周知，抖音是偏向公域流量的平台，这与快手形成了明显的差异，按道理来说，抖音平台对于直播间账号的粉丝，这种偏私域的流量数据在其算法中应该不会太重视，所以在抖音平台才会有"零粉开播"的情况存在，即直播间不需要粉丝就有机会获得期望的销售效果，而且从直播间粉丝导入直播间的比例大概是3%~5%，除非在千川投放中，设定投放范围是直播间粉丝。

从未来的发展趋势来看，对于直播间粉丝与直播间流量、销售转化的联动问题，抖音也在不断更新功能设计和算法升级。毕竟抖音电商平台将引入越来越多的品牌方，开设抖音平台上旗舰店，因此抖音官方希望直播间粉丝，尤其是品牌直播间粉丝对于直播间精准引流更具价值，同时改善直播电商复购率偏低的问题，从这个意义而言，直播间的涨粉数据在抖音系统算法中的权重应该会逐步得到提升。

直播间涨粉数据的意义有如图4-16所示的4个方面。

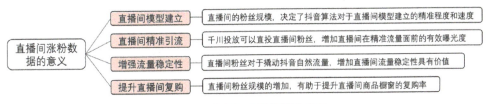

图4-16　直播间涨粉数据的意义

1. 直播间模型建立

抖音直播间模型的建立，主要考虑两个因素：模型建立的速度和精准度。抖音系统算法在识别直播间和贴标签方面没有人们想象得那么智能，那么如何能够尽快让算法精准识别到我们的直播间呢？仅仅靠不间断的开播，让算法通过直播内容识别？这种方式效率不高，算法需要识别的数据量过多，如果直播间粉丝规模上升比较快，这就让抖音算法可以尽快识别到直播间，并且根据粉丝标签快速为直播间打上标签，建立直播间模型的效率也就得到了提升。

2. 直播间精准引流

通过千川可以选择投放直播间粉丝，在经过筛选的粉丝群体中精准引流，这种流量建立在粉丝对直播间一定了解，甚至认同的基础上，因此流量的各项数据性能良好，有助于实现直播间的销售转化。从这个意义上而言，直播间粉丝规模越大，通过千川投放获得精准流量的效果就越好。

3. 增强流量稳定性

在不考虑千川付费流量的前提下，依靠自然流量的直播间最大挑战来自于流量的不稳定性，如果直播间账号拥有一定规模的粉丝群体，当我们没有选择付费流量的时候,也能够为直播间奠定相对稳定的基础流量,而且粉丝流量的真实性和精准性是有保障的。

4. 提升直播间复购

直播电商最大的弊端就是消费者复购困难,这固然符合直播电商冲动购买的特性,但也与消费者找到复购途径困难有关,如果该消费者是直播间粉丝,就增加了一个找回商品的途径,提供了增加复购的可能性,甚至提供客服引导至私域流量池的可能性。引入私域还有机会销售更高利润的产品,这对于直播运营团队而言非常重要。

(二) 哪些方式或途径有助于提升直播间的涨粉数据?

概括而言,影响直播间涨粉的因素有 5 个,从重要性排序来看,主播形象>话术引导>直播间场景>爆款货品>粉丝福利,下面对此展开如下论述。

1. 主播形象

直播电商从大类来看,仍然属于网络直播范畴,而且现在竞争激烈的直播间已经开始融合了"秀播"的元素,因此主播的外在形象、气质和个性仍然是吸引粉丝的重要因素。此外,主播因素也包括围绕主播和直播间场景形成的"直播内容",包括主播的人设、介绍产品的话术风格,这些因素叠加在一起构成了优质的直播内容,用户有可能因此喜欢这个直播间,愿意加入粉丝团。

需要说明的是,依靠主播因素增加的粉丝,通常是"秀播"粉,不是购物粉,这类粉丝是冲着主播来的,喜欢主播才会加粉,对于直播间的货品不见得感兴趣,销售转化价值有限,而且还会模糊了直播间的标签。例如针对女性的美妆直播间的粉丝中有大量的男性粉丝,这类粉丝销售转化价值有限,但会误导抖音算法对于直播间的标签设定。

2. 话术引导

直播过程中的加粉除了依靠主播形象气质,话术的引导也非常重要,主播或者副播不断提示进入直播间的用户,点亮粉丝牌,加入粉丝团。通常将加入粉丝团同时配合福袋或者红包的工具应用,则涨粉效果更好。

需要注意的是,在我们使用话术引导的时候,需要规避明显的利益诱导,除了官方提供的福袋或红包工具以外,不可以用获得福利款、购买返现等利益交换为条件,引诱直播间用户加入粉丝团。

3. 直播间场景

直播间场景是个性化的设计风格,之前不断提到一个概念:融合直播。抖音带货直播间在装修风格必将越来越追求个性化，更加重视视觉效果的呈现，并以此作为吸引粉丝点进直播间，拉长停留时间，加入粉丝团等行为的引爆点。

尤其是品牌的官方直播间，越是知名的品牌，官方直播间的视觉设计和装修风格，不仅要符合品牌原本的形象定位，更加需要突出个性化和品质感，拉近与直播间用户的距离感，获得用户好感与认同，进而才能有更多用户愿意加入粉丝团。

4. 爆款货品

为什么对于带货直播间最关键的货品不是吸引涨粉的因素？我们必须清楚，直播间用户加入粉丝团的首要初衷不是购物，大部分是喜欢直播间的主播及其直播风格、直播间的场景布置等，其次才是喜欢这个品牌或者产品，这是由抖音作为短视频社交平台的DNA所决定的。但这不意味着具有爆款潜质的货品，对于吸引直播间用户加入粉丝团没有价值，如果产品本身击中了用户的刚需，并且具有合理的性价比，用户购买的意愿比较强烈，可以通过主播话术引导用户加入粉丝团，以便更加容易再找回直播间，以直播间价格进行复购，此种情况下加入粉丝团的用户是最具销售转化价值的精准购物粉丝。

5. 粉丝福利

直播间加入粉丝团需要花费1抖币，折合人民币0.1元，虽然微不足道，但对于用户的行为来说毕竟是付出了一定代价，他们自然期待加入粉丝团能够获得福利回报，这些福利根据粉丝荣誉等级，会不断解锁新的特权，粉丝要想获得更高等级，需要不断做任务增加亲密度。

需要说明的是，当前的粉丝福利设定更多是为了"秀播"设置的机制，不适用于带货直播间的粉丝福利机制，粉丝福利更多体现在打赏特权，如打赏人气票、粉丝灯牌、点亮等，并非体现在粉丝的直播间购物特权。

（三）粉丝团可否称为直播间或主播的私域流量？

抖音作为内容社交平台，内在的基本逻辑是鼓励直播间能够产出优质的内容，增强直播间流量的黏性，以及直播间降低引流成本，因此直播间粉丝被列入抖音算法的考核权重之中，作为平台算法分配流量的参考因素。此外，通过千川投放可以选择直投直播间粉丝，为直播间的精准引流提供了一种手段的选择，从这个意义而言，直播间粉丝相当于在公域流量为主的抖音平台上，开设了直播间的私域流量池，直播间粉丝有机会获得更多进入直播间的机会，不过此处的私域流量仍然处于抖音的大流量池里，没有外溢到别的平台（例如微信群等）。

实战抖音电商：30天打造爆款直播间

而且此私域非彼私域，建议大家不要对这种公域平台上的私域流量池抱有太高的期待，毕竟这种粉丝团的根本属性是内容社交，而非购物，因此直播间粉丝未必是为了直播间购物，而是直播间其他因素产生了吸引力，例如主播形象或者直播间的展现内容等，整体上可以称之为"娱乐粉"，因此这些粉丝对于直播间真正的销售转化能够产生多大的价值，大家要保持理性心态。

除非有一种情况，直播间粉丝能够对销售转化产生比较大的价值，直播间所属类别是专业属性比较强的品类，例如运动产品、珠宝、酒类等行业，此类直播间通常分享的是专业知识，加之主播本身具有较强的专业人设，对直播间粉丝具有"专家"式的影响力，这种直播间粉丝属于"娱乐粉"的比例不大，主要还是"专业粉"或者"知识粉"，这种情况下的直播间粉丝才算得上"私域流量"，粉丝容易产生购买行为甚至复购。

（四）粉丝规模是否可以保障直播间脱离"生命周期"的循环？

任何直播间都会有生命周期，会随着抖音电商规则的调整，竞争对手的变化，直播间产品竞争变化，以及运营团队的变化而导致直播间被放弃运营，即便是盈利的直播间也是在动态中保持平衡，不存在一劳永逸的盈利直播间。

直播间拥有粉丝的规模，并不能确保其能够稳定运营下去，很多拥有十几万粉丝的直播间，在盈利状态下运营1个月之后，直播间的产出也会出现下滑，甚至是断崖式的下滑，直至这个拥有十几万粉丝的直播间被暂停运营，这也正是很多直播带货的MCN机构要做账号矩阵的原因，绝不把所有的鸡蛋都放在一个篮子里，这是一种分散风险的常规操作。出现此情况的直播间，更大概率发生在依靠自然流量的直播间。

按道理这些拥有庞大粉丝规模的直播间，有这些粉丝的"保驾护航"，应该可以活得很滋润，投产比有保障，可以一直健康运营下去。实际情况并非如此简单，原因如下。

1）**抖音官方并不希望直播间依靠粉丝"活下去"**。道理很简单，抖音电商依靠什么盈利？至少现阶段还是卖流量给直播间，如果抖音算法放大了直播间粉丝的引流价值，谁还去购买"竞价排名"的昂贵公域流量呢？包括通过千川投放自己直播间的粉丝定向，价格也不便宜，这是抖音平台的商业性质决定的，必然通过贩卖公域流量实现平台利润的最大化。因此，即便拥有庞大粉丝规模的直播间，要想稳定运营下去也需要结合付费流量，给平台贡献利润才行，要知道抖音本质上仍然是一个公域流量平台。

2）如果说直播间的货盘不再有吸引力，庞大的粉丝也帮不了直播间盈利。我们一直在强调，直播间所有要素都是动态的，包括直播间的货盘也是动态的，供应链以及竞争态势的变化，新的爆品概念出现，新的竞争对手出现，都会逼迫直播间调整货品，这其中蕴藏的风险是直播间粉丝无法消除的，因为这些粉丝之所以聚集，除了主播以外，就是被产品吸引而来，产品改变了，粉丝的贡献价值也就改变了。

3）粉丝产生价值的原因并不取决于规模，而是粉丝的活跃度，这就有赖于带货主播以及货品的吸引力了。我们刚刚强调了货品改变带来的粉丝价值波动，实际上主播变动对于粉丝群体活跃度的影响同样非常明显，粉丝之所以聚集在直播间，无非就是产品和主播两个因素，如果不是品牌直播间的话，主播因素对于粉丝活跃度影响更大，尤其是当前直播电商行业的人员流动性非常高，主播发生变动必然对直播间粉丝的活跃度产生显著影响，甚至会导致粉丝脱离直播间。

总而言之，抖音带货直播间拥有庞大的粉丝群体，并不是直播间的"免死金牌"，我们仍然需要结合付费流量、货品调整以及主播稳定等因素，确保粉丝保持足够的活性，唯有如此才能发挥直播间粉丝最大的稳定价值。

第五章
（Day27~Day30）

直播间盈利阶段

不知不觉，我们的学习之旅已经进展到了最后一个阶段：盈利阶段。这一阶段的任务核心是两个方面：一方面是在直播间稳号阶段之后，放大交易数据，优化投产比，做到直播间的盈利销售；另一方面是探索更高阶的直播间打法，向上打开更大的流量池，本质上也是为放大直播间的交易数据奠定基础。

如何做到这一点？掌握直播间运营的更高阶的打法概念，如果说上一个阶段的 5 天，我们学习了如何针对性提升直播间各项关键数据的话，那么这个阶段我们将带领大家掌握更加贴近平台规则的高阶打法，例如什么是带货榜？打带货榜的意义是什么？如何打带货榜？还有什么是流量池等级的划分，不同等级流量池对于直播间意味着什么？如何在抖音官方流量池等级中不断晋级？除此之外，还有一些是用的直播间运营技巧，例如什么是高位下播？高位下播有什么意义？这些方法和技巧都适合在直播间的盈利阶段运用，毕竟此时的直播间已经没有了生存的压力，可以相对从容地实施一些直播间的高阶打法，从而巩固直播间盈利的基础。

Day27　如何卡抖音整点带货榜？

一、每日任务清单

直播间卡带货榜所涉及的相关技巧如图 5-1 所示。

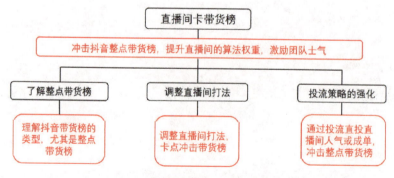

图 5-1　直播间卡带货榜的相关技巧

二、洁洁创业日记：冲榜是提振团队士气的好方法

8 月 26 号，星期五，天气多云。

团队的创业之旅进入到了最后一个阶段，说实话直播间能够存活到现在也是超出

了大家的预期，毕竟中间经历了杰西卡起号的失败，如果不是作为"备胎"的香水号能够起号成功并且延续到今天，这次有点头脑发热的创业之路早就结束了。

从今天开始我们将展开一个新的阶段，巩固和扩大香水号直播间的盈利数据，真正迈向创业成功的终极标准。关于这个标准团队内部制订的目标是单场 GMV 达到 10 万元以上，目前单场 GMV 仅为 3 万元，而且还不算太稳定。

需要说明的是，这个阶段嘉美洛有限公司更换了"导师"，博哥作为公司的主力，不能把精力全都耗费在我们这个创业团队身上，因此新晋导师娜姐隆重登场了。

"大家好，我是娜娜，比你们年龄都大，你们可以叫我娜姐。"伴随着这一声招呼，直播间走进来一位高个子知性美女，从口音判断应该是广州本地人。

"欢迎娜姐亲临指导，早就听博哥介绍过你了，你们在公司是合作默契的搭档，而且早些时候做服装直播带货，实战经验非常丰富。"此刻的我赶紧挺身而出，代表团队欢迎娜姐的到来，存在感是要靠自己刷出来的，况且我的确提前做了功课，通过博哥了解了娜姐以往的职业经历。

"大家言归正传吧，我暂时加入团队，主要是带领大家实践直播间的高阶打法套路，核心目的只有一个，尽快让你们的直播间进入稳定的盈利状态，并且有机会扩大营收规模。"娜姐果然是博哥的拍档，说话和做事的风格都是相似的，直奔主题，绝不绕弯。

"我知道今天要冲抖音整点带货榜，请问冲击这个榜单有什么意义吗？"数据琳比较符合娜姐的风格，同样直奔主题，不像团队的其他成员，还在议论娜姐真实的身高到底有多高，这么高的女生怎么可能是广州本地人等之类的八卦话题。

"带货榜反映了品牌或货品在同时段开播直播间当中的竞争力，同时也是直播间运营水平和能力的体现，上抖音整点带货榜可以看作是直播间运营的里程碑，意味着直播间各方面的运营成熟度达到了一个层次。"娜姐的回答简单扼要："另一层含义也是对团队的激励，要知道直播带货团队的心态管理非常重要，尤其是主播心态管理，冲上带货榜对于团队信心的激励非常重要。"

"娜姐，如果我们冲上整点带货榜，直播间会不会在系统算法中有不同的标记，进而帮助我们更好撬动自然流量，或者系统算法为我们提升流量池层级呢？"。数据琳紧接着问出了大家想问的问题，因为我们缺的是流量，最不缺的就是士气了。

"这是必然的，既然官方带货榜能够出现我们直播间，那么系统算法自然会注意到该直播间，认定这有可能是一个优质直播间，在推送流量方面会有好处。"娜姐的回答和我们预想的一样，也是我们更加在乎的上榜收益。

"冲击抖音整点带货榜没有理论可言，直接在实践中学习吧，你们今晚几点开播？"娜姐问道。

"老时间，22：00准时开播。"小麦终于找到了发言机会，赶紧凸显自己的存在感。

"提前30分钟，21：30开播。"安娜不容置疑地回应道。

"那我们需要提前做些什么嘛？"作为运营的我被打了个措手不及，赶紧发问。

"下午我们共同商讨一下福利款和福袋设定的问题，其他就没有什么需要调整的了，你们毕竟是第一次冲击带货榜，大家先积累经验吧。"娜姐的回答让我松了一口气，生怕由于我们团队的不成熟，让娜姐失去带领我们前进的信心。

21：30，准时开播！

"哈喽，大家好，欢迎新进直播间的宝宝们，今天福利满满，看到这个没有……"阿旭现在的直播话术可以说是驾轻就熟，一旦开播，马上进入状态。

"52分，洁洁，发口令福袋。"娜姐双臂环抱，发出指令。

"啊？哦！娜姐，发好了。"第一次学习冲击带货榜，肯定要冲在一线，于是我成功"挤掉"了中控小麦的岗位。

"你怎么发的3分钟的？应该发10分钟的！"娜姐突然说道。

"啊……那怎么办？已经发出去了。"第一次上手这个岗位，我有点手忙脚乱，脑子也是一团糨糊。

"算了，3分钟后，再补发一波5分钟的福袋。口令福袋可快速提高直播间两个指标，一是互动率，二是转粉率，以此快速增加直播间的热度。"娜姐在发出指令的同时，开启了教学模式，这一点和博哥倒是很像。

"对了，你们的爆品是什么？价格是多少？"娜姐突然问我。

"或者说你们的引流款是哪一款？"娜姐继续追问。

"英国小香梨香水，售卖价格9.9元。"我脱口而出，这个货盘我们打磨这么久，团队的每个成员早就烂熟于心了。

"现在调价到6.9元，然后阿旭，这几分钟你就一直预告，并且把这个产品憋单憋到58分或59分，再开始倒计时放单。"娜姐的指令清晰明确："中控注意放单时间，你和主播一定要配合好，阿旭5秒倒计时结束后，立马上链接放单！"

"时间很重要！晚一秒早一秒，可能都上不了带货榜，大家打起精神。"娜姐的神情也变得紧张起来了。

21时58分45秒。

"倒计时5秒钟，5……4……3……2……1……"阿旭突然提高音量。

"上……链……接……！！"我们所有人鼓足气息大声喊道。

"下方小黄车，1号链接，拼手速拼网速，赶紧去抢！"场控赶紧加快辅助氛围。

"还有最后3个库存！"场控话音未落，原本观战的小麦也开始加入气氛组，大声喊道："2个库存，1个库存!"

"快呀宝宝们！赶紧去抢！小黄车1号链接!"阿旭和小唐的配合越发熟练，节奏非常紧凑，连我自己都有一种想抢的冲动。

"哇！第10名！带货榜第10名！在线3000多人，我们冲击成功了。"一直观看数据主屏的琳琳突然激动得跳了起来。

此时22:01，现场沉浸在一片欢声笑语和激动声中，娜姐欣慰地看着大家，此刻也许她的心中是这样想的"看样子这个直播间被博哥调教得底子不错，团队的激情和战斗力都很强，果然是长江后浪推前浪啊!"

三、深度课堂

本期深度课堂的具体知识内容如下所述。

（一）抖音的带货榜是什么？ 主要分为哪几种类型？

带货榜是抖音官方推出的以直播间 GMV 产出为核心的数据榜单，目的是增加产出优秀的直播间的曝光量，并在系统算法上给予流量倾斜，扶持这些产出优秀的直播间，通常这个榜单是统计前100的直播间，如果上榜排名在前十以外，上榜价值就聊胜于无了。

带货榜分为小时榜和其他，小时榜是抖音官方在整点更新的直播间榜单，每一个小时更新一次榜单，原有的数据清零，洁洁团队冲击的榜单就是上带货小时榜。这个榜单可以打开任何一个带货直播间，在画面的左上角显示有小时榜。

带货榜的其他，指的是官方和第三方数据平台推出的日榜、星期榜和月榜等不同统计周期的销售榜单，这些榜单统计直播间 GMV 的周期比较长，通过拉长的统计周期，可以尽量客观反映一个时期内产出 GMV 优质的直播间，更多是行业人士用于观摩学习同行，以及供应链寻找产出能力出色的直播间（或达人）使用，因为这类榜单统计时间周期较长，并不适合卡点冲榜，因此其他类型的带货榜不是本部分重点探讨的类型。

（二）冲整点带货榜对直播间有哪些好处？

卡点冲榜成功对直播间的好处或价值可以归纳为以下四个方面。

1. 冲带货榜可以获得直播间的额外曝光

冲击带货小时榜，有两种途径可以获得直播间的更大曝光：一种方式是抖音用户通过点击小时榜图标进入到榜单，进而有可能会点击进去自己感兴趣的直播间，这属于直接的引流方式；另一种方式是可以获得系统算法，对进入带货榜的直播间推荐更多的精准流量，获得更大的直播间曝光以及更多的精准流量推荐。

带货小时榜是以整点更新的，在此期间榜单排名也会不断变化，而且榜单统计的是前100名，因此冲击上榜并不意味着获得长时间的流量加热，通常一个直播间能够保持几分钟或者10分钟的上榜就不容易了，更不用说能够冲击到前十的榜单，即便是排名靠前的排名，系统算法对于直播间的流量加热也是短期行为，对此我们不可报以太高期望。

2. 冲带货榜能够对直播间爆品进行测试

这里说的冲榜，有如下两种方式。

一种方式是卡点冲榜，利用整点前后的几分钟获得直播间最大的GMV产出以及直播间人气，这是一种取巧的冲击带货小时榜的方法，不追求整个小时的销售表现，而是卡系统统计数据的整点，刻意引导销量的爆发，冲击上榜。

另一种方式是按照官方的正常操作逻辑，通过最近一个小时内的直播间GMV产出，经过系统整合算法上榜，这种上榜方式是顺其自然的效果达成。无论哪种方式，能够上带货小时榜都意味着产品的转化比较强，能够形成足够的成单量，因此冲击带货榜可以看作是对直播间货盘的测试，看哪些货品可以达成快速成交转化，具备爆品潜质。

3. 卡点冲榜是对运营团队配合的强化训练

前面提到的上带货榜的两种方式，第一种方式是很多直播间常用的卡点冲榜，这不仅要求直播间的货品有足够的转化率，还要求整个直播间的运营团队配合默契，像精密的齿轮系统一样丝滑运作。因为卡点冲榜要求投手引来的直播间人气与主播进行精确配合，当人气值到达顶峰的时候，主播及其配合团队，包括副播、中控、场控要能够快速上链接，并快速将直播间的氛围拉到最高值，有利于直播间用户的快速成交转化，而这一切都需要在5~10分钟以内完成，如果这一套操作能够冲击带货榜成功，则意味着直播间的运营团队配合度非常成熟，通过了一次关键的实战演练。

4. 冲榜成功也是对直播间团队士气的一次激励

直播电商非常重视团队士气的激发和保持，尤其是对于起步和成长阶段的团队而言，能够冲上带货榜的确可以很大程度上激励主播的信心和积极心态，增强整个运营团队的信心，因此冲击带货小时榜成为成熟运营可以选择的激励团队士气的重要工具。

（三）如何冲带货小时榜？

带货小时榜，抖音系统给出的评判原则是，当前小时直播间商品的成单 GMV 以及直播间人气等维度进行综合测算，此外主播带货口碑不低于 4.2 分，主播账号符合平台安全规范，不存在作弊等安全风险等也是限制条件。关于带货榜的特别提醒，排名榜所取的商品售卖、直播间人气等指标均为剔除异常单和异常流量之后的正常值。

从实操层面，冲击带货榜首要的指标就是 GMV，即直播间的销售额，其次是直播间的人气值和成单数量，当然这两者是相关的，人气值高的直播间，才有机会获得最大化的销售转化和 GMV。下面针对卡整点冲击带货小时榜的方法步骤进行解读，如图 5-2 所示。

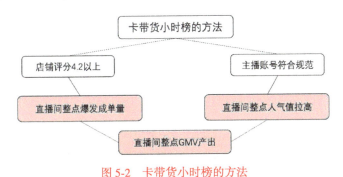

图 5-2　卡带货小时榜的方法

1. 时间要素

带货直播间在卡小时带货榜的时候，通常是在整点的前 5 分钟开始准备，准备工作就是人气和货品，通过投流操作将直播间的人气拉到最高，并且准备经过测试的爆品，无论这个产品是福利款还是承接款，只要是经过验证可以快速出单的货品都可以，提前准备好这些货品的链接。然后在整点到来的前 1~2 分钟开始放单，促进成单和转化，紧急拉升直播间的 GMV，此时抖音算法开始例行的整点统计动作，这节奏如果卡得准确，就有机会冲榜成功。

把控时间要素的精髓在于短时间内形成大量的成单和拉高 GMV，在前后不到 10 分钟的时间，就有可能击败其他优秀直播间，获得瞬间登榜的优势。这对于直播间运营团队，尤其是运营和主播的要求非常高，最大化利用好这不到 10 分钟的时间。

2. 人气要素

抖音算法统计小时榜数据的时候，直播间人气也是重要的统计指标，除了直播间的 GMV 之外，第二重要的上榜理由就是直播间人气了。直播间人气如何获得卡点时间的爆发，最靠谱的方法就是直投"进入直播间"，即直投直播间人气就可以了。此时，既然是卡带货榜，就没有时间优化太多的要素，发挥综合作用提升直播间人气，只能采用简单粗暴的付费流量的办法。

冲小时带货榜的打法通常不适用于起号阶段的直播间，因为此时的直播间的标签还没有贴出来，直投直播间人气会引来更多不够精准的流量，无法完成带货榜要求的 GMV 指标，太宽泛的流量不利于销售转化。因此冲带货榜通常是相对成熟的直播间，无论是直播间的系统标签精准度，还是团队的成熟度，都会影响统计时刻的数据爆发。

3. 货品要素

货品要素的价值在于短时间内形成 GMV 爆发，如何做到这一点？有如下几个因素需要考虑。

1）承担放量出单的货品本身是经过测试的，能够具有良好的销量爆发能力。通常这种产品必须具有爆品的潜质，刚需且价格不高，有利于直播间用户的冲动消费，此时不用过多考虑利润的问题，冲榜类似于亏货引流的操作手法，成单和 GMV 是第一位的。

2）货品的选择首要是成单量，而非追求客单价，通常这二者之间是相互矛盾的关系。因此货品决策风险必须足够小，主要是品牌因素和价格因素，最好是知名品牌的低价产品，有利于短时间内形成大量的成单。简而言之，这是薄利多销的打法，客单价不够，用单数来凑，总归要拼出一个足够规模的 GMV 参与打榜。

3）高客单的爆品选择。这种情况出现的机会取决于直播间聚焦的垂直品类，虽然大部分时间里低客单价有利于成单，但带货小时榜衡量的是 GMV，低价产品如果没有足够的成单数，也无法完成冲击榜单的任务，毕竟带货小时榜是不分品类的，所有的品类放在一起，比拼的关键还是直播间 GMV，因此如果存在高客单价爆品，也是可以选择用来卡榜的，此时成单量虽然不高，但总体 GMV 能够达到一定规模，也是有机会冲榜成功的。

4. 放单要素

放单要素指的是最后的 1~2 分钟，能够形成的销量爆发，这有点类似于憋单的打法，将蓄积的销量在预计的时间内释放出来。放单要素的运用主要考虑两个因素。一方面是主播话术。主播话术需要非常娴熟，引导直播间用户在指定的时间内，快速下单进而形成单量的大爆发。这种打法类似逼单，通过主播话术加上倒数的方式，引导直播间用户形成下单的高潮。另一方面，卡小时带货榜的时候，放单的成功与否还取决于副播、场控和中控的配合，当然也包括投手的精准配合，这些辅助人员能够配合主播，形成直播间氛围的高涨状态，刺激用户下单的冲动，同时中控要能够快速上链接，千川或随心推投手将直播间人气拉到最高。

最后，关于直播间卡带货小时榜，我们强调了两点：这种卡时间点冲击带货榜的方式，无法形成持续上榜，仅仅能够保持很短暂的上榜时间，毕竟这是利用了抖音整点统计数据的漏洞，并非直播间真正实力的体现，从这个意义而言，卡小时带货榜仅仅能够给直播间带来短暂的系统推荐红利，冲榜成功更多是振奋主播和团队的士气。另一方面，卡点冲带货榜的不确定因素还取决于其他达人开播情况，如果本轮整点的卡点冲榜恰好遇到其他达人开播，尤其是重量级达人开播，哪怕卡点的数据再漂亮，冲榜成功的概率也会大大降低，因此这种卡点冲榜的操作方式存在较大的偶然性，不可过于强求。

Day28　如何击穿直播间流量天花板？

一、每日任务清单

增加直播间流量所涉及的相关技巧如图 5-3 所示。

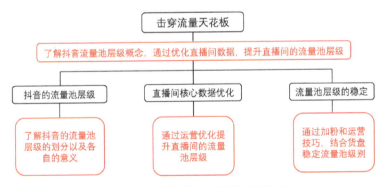

图 5-3　增加直播间流量的相关技巧

二、洁洁创业日记：流量是直播间盈利的核心

8 月 27 号，星期六，天气晴。

昨天直播间冲榜成功的余波未平，难得团队有如此好的心情，大家决定中午 12 点半在公司附近的火锅店进行美食团建，重点是欢迎娜姐加盟团队，并且庆祝首战告捷。

"昨天真是太棒了，这杯我先干为敬，祝贺你们，大家一定会越来越好。"娜姐英姿飒爽地站起来，首先发表了祝酒词。

"娜姐，简直就是我们的小福星，你一来，我们就上了带货榜。"小麦在一旁乐呵呵说道。

"昨天在直播间，娜姐果真是指挥若定！"琳琳由衷说道："洁洁，娜姐就是你的学习榜样和成长目标，希望有一天你也成为一个经验丰富的直播间运营。"数据琳夸赞娜姐的同时，不忘对于我这个项目创始人提出了殷切希望。

"大家昨晚都辛苦啦，看到你们上带货榜，我也很欣慰。"娜姐再一次表达了谦虚："我也知道你们创业走到今天不容易，将近一个月了，直播间的情况基本稳定，就看如何扩大应收规模，实现规模以上的盈利，希望我的经验可以帮助到大家的创业梦想。"

酒过三巡，我开始了新一轮的发言："能上带货榜，那是大家共同努力的结果，每一个人都有功劳。不过有一个问题，虽然上了带货榜，但是不挣钱，而且上榜时间太短，也就维持了几分钟，之后就慢慢掉下去了，大家想想这是什么原因？"

"你们知道上榜后要卖什么品吗？"娜姐看似随意地问道。

"利润款啊。"作为主播的阿旭答道。

"不对！"娜姐笑着摇头。

"昨天你们卖6.9元冲单上了带货榜，然后立马切成了99元的利润款，在线3000多人，也没卖出几单，是不是？"娜姐一副成竹在胸的样子，慢慢给我们抽丝剥茧地分析："所以你们不该操之过急地上利润款，还应该接着卖你们的爆品。"

"那要卖多长时间的爆品呢？"小麦心里没底，小心翼翼地问道。

"一直卖，直到卖不动再换品，切品的时候，价格跨度不超过30元，比如你卖9.9元的产品上了带货榜，之后卖19.9元的产品或者29.9元的产品都会很好卖，然后就一直播这个品即可，直到卖不动为止。"娜姐无可置疑地回答。

"那万一29.9元的品没有卖动呢？"琳琳还是关心数据。

"那就引流款1.8元或者9.9元的，再来一遍。切品也是如此，比如第一轮是9.9元到29.9元，第二轮是9.9元到59.9元，第三轮是9.9元到89.9元，想切品就在中间用福利款拉一波。"娜姐显然对此类问题的处理轻车熟路。

"娜姐，如果我们在上带货榜后，没有接住流量，没怎么出单，我们直播间的流量层级会掉下来嘛？会不会就再也上不去了。"数据琳果然最关心数据运营的问题。

"对于你们现在的情况，会有一些波动，但影响不大，系统算法不会因为一次流量没接住就掉流量层级，你们已经是很成熟的直播间了。此外，你们也有千川兜底，只要不违规，直播间流量层级不会出现大幅度变动的。"娜姐这席话算是给我们吃了一颗定心丸。

今天的美食团建表面上是美食主题，结果被学习精神旺盛的小伙伴们开成了"娜姐课堂",不过创业团队就应该有这样的学习和进取精神,尤其是直播带货的创业团队。

"下午我给大家再讲一下,抖音流量池层级的划分,你们不总是在问,如何击穿直播间流量池天花板吗?"美食团建快要结束的时候,娜姐点出了下午会议的主题。

"这个很好,我最关心的就这个流量层级的问题。"数据琳按捺不住兴奋:"我们的直播间到了这个阶段,最缺的就是大规模的引流,但感觉目前直播间在系统算法中的流量层级是锁定的,没有办法实现流量规模的根本性突破啊。"

"看样子我这个分享来得很及时啊,那就下午2点钟,我们直播间见吧。"娜姐看到大家如此热烈的反应,也激发出了分享的欲望和激情,开心地回答道。

三、深度课堂

本期深度课堂的具体知识内容如下所述。

(一)抖音的流量池层级是如何划分的?

我们总是在强调通过付费流量做直播间的数据,通过系统算法考核,撬动抖音的自然流量,但是如何跳出当前的流量池层级,获得更大规模的流量撬动呢?这就涉及抖音可以开放给直播间流量池等级了,接下来就带领大家详细了解抖音流量池的级别是如何划分的,即抖音给直播间设定的流量池天花板。

首先需要强调一点,电商达人和抖音小店是两个不同的体系,抖音官方为电商达人推出了从L0~L6共7个等级,不同的等级提供相应的权益和服务,等级越高获得的权益也越多,主要评估数据是达人近30天的成交金额、粉丝量、粉丝成交订单数、直播天数和直播观看人数、人均观看时长以及达人带货等多个维度综合评估,即电商达人等级体系。而这里提到的流量池层级,针对的是直播间的流量池规模等级划分,这些划分决定了直播间的场观推荐和人气值,图5-4所示的6个层级的划分是直播间运营经验的总结,这与电商达人等级体系是有区别的。

F 直播间场观100~500人次,人气峰值1~30人次
E 直播间场观500~5000人次,人气峰值30~100人次
D 直播间场观5000~3万人次,人气峰值100~800人次
C 直播间场观3万~20万人次,人气峰值800~5000人次
B 直播间场观20万~100万人次,人气峰值5000~1万人次
A 直播间场观100万~300万人次,人气峰值1万+人(可以往上继续叠加)

图5-4 抖音电商流量池等级划分

从图5-4可见，最低等级的流量池是F级，刚刚开通的直播间或者刚开始直播的直播间（忽略高位下播的影响），系统算法会推送给直播间100～500人次的流量，这会带来大概30人次左右的在线人数，如果这波儿流量能够在直播间带来比较好的转化，算法才会将直播间的流量池等级提升到更高一级，即E级，余下的以此类推。需要说明的是，流量池到达A级并不是到达了上限，往上还会有更高的场观人数规模，但基本上我们能够接触到的绝大部分直播间若能到达A级，则已经是到达了一个难以企及的天花板了，100～300万人次的场观，10000+的在线人数，基本上可以保证本场直播能够实现销售非常理想的级别了，这对于非达人的直播间已经是天花板了。

总而言之，我们在实操中，经常提到的所谓撬动抖音的自然流量，就是通过做直播间数据，让算法推动直播间的流量池在图5-4所示的等级阶梯中不断向上攀升的过程，关于此问题的详细解释，我们放在下一个问题中解答。

（二）什么情况下流量池会跨级别波动？

流量池的跨级别波动，意味着系统算法给予直播间的流量池等级并不是逐级向上的，也是有可能会往低级别流量池变动的，这取决于直播间的核心数据是否达标，也就是我们通常说的直播间运营团队，尤其是主播能否接得住流量的问题，接得住就会迎来更高层次流量池的导流量导入，接不住则意味着直播间遇到了流量池天花板，甚至直播间流量会往更低级别的流量池滑落，陷入恶性循环当中。影响流量池跨级别波动的因素主要有如下三个方面的因素。

1. 因账号违规导致的限流

这种情况比较常见，甚至有业界称为"玄学"的成分，主要的原因是抖音的规则总是不断在调整，而且规则的复杂程度随着平台用户量的增加及直播间的增加而变得日益膨胀，例如直播间敏感词列表，基本上涵盖了所有促销的常用语，因此直播间在引流规则和销售话术方面，比较容易触发系统的监测机制，导致直播间在流量池等级上被限制。

不仅如此，当前流行的融合直播中，有些直播间为了博出位，也会增加一些近乎违规的画面内容或者其他违规元素，这些都会导致直播间被限流甚至封禁。

2. 因销售转化数据而波动

抖音电商对于带货直播间的考核数据，核心仍然是与销售有关的数据维度，包括销售转化率、成单数量和GMV，这三个数据指标是衡量系统算法为直播间导入流量的商业价值的核心，其中的核心是销售转化率，最能够体现进入直播间的流量产生购买行为的情况。通常而言，整场直播的转化率在5%以上算是比较优秀的，有些爆品的点击转化率可以达到10%以上，甚至是30%，这种单品点击转化率算是非常优秀的了。

抖音系统算法会根据上述有关直播间销售转化的数据，对直播间所处的流量池等级进行调整，这也是导致直播间流量池等级波动的最根本的原因。

3. 其他数据维度导致的波动

上面是有关销售的核心数据维度，其他的数据维度表现不好，也会导致抖音算法对直播间的流量池等级进行调整，这些数据维度主要是三个：点击进入直播间、互动率和停留时长。实际上，以上三个数据维度，我们在前面的内容中都详细阐述过，包括这些数据的含义，以及如何提升这些数据的表现。这些数据代表了一个直播间"吸引用户"的优质程度，尤其是直播间"内容"的优质程度，这对于抖音算法而言，也是非常重要的考核指标，同时也是形成第二点所说的销售转化数据的基础。

简而言之，我们想要直播间能够在抖音流量池等级中逐渐上升，不断打开流量的天花板，需要在遵守规则、销售数据、内容优质三个方面上进一步发力，保持各自所代表数据的良好表现，实现流量池层级的正向波动。

（三）流量池层级会一直稳定吗？ 若不是，该如何保持？

其实这个问题的真正含义是，如果一个直播间已经做起来了，是否就不用担心抖音算法会对其所处的流量池等级进行降级了呢？

对此问题来说，答案是否定的，不存在一劳永逸的成功直播间，所有盈利的直播间都是在动态中获得平衡的，这是由抖音算法所决定，抖音算法永远会将流量导入能够产出销售的直播间，无论这个直播间之前多么成功，一切都根据每场直播的数据来评判。如果是这样，是否意味着直播间即使到了盈利期，也随时可能落回到起号阶段的流量池层级呢？我们该如何保持一个盈利直播间的流量池层级呢？

成功盈利的直播间，系统设定的流量池规模跌回到更低层级的可能性，这种可能性在理论上是存在的，但在直播间的实际运营中，这种情况不太可能会发生，只能说流量池层级有波动，但不会剧烈波动，因为作为成熟的直播间，存在三大流量层级的稳定器，这三个稳定器既是评判直播间成熟的依据，也是确保直播间流量层级不掉级的基础。注意，千川投流同样是稳定直播间流量层级的工具，如图5-5所示。

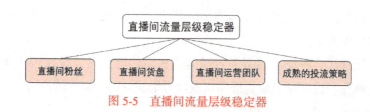

图 5-5　直播间流量层级稳定器

1. 直播间粉丝

粉丝对于直播间而言，属于公域流量平台上的"私域流量"，其规模的增加，有利于增强直播间流量的稳定性，尤其可以让系统算法对直播间标签贴得更加精准，为直播间引入更加有利于销售转化的精准流量。

直播间粉丝可以根据账号头像上显示的"直播"标记，判定账号是否处于直播的状态，然后点进直播间，这背后有可能是系统推荐给直播间粉丝的展露，也有可能是我们在千川投放的时候，定向投放给了直播间粉丝，从而增加了直播间在粉丝群体中的展露频次，达到粉丝引流的效果。虽然时间已经进入到了电商直播的下半场，"品牌+素人"直播会是抖音重点鼓励的直播类型，但从实践来看，如果要想产生单场规模销售，达人直播间的粉丝非常关键，否则就必须依靠付费投流解决场观问题，这会直接影响直播间的 ROI 产出。

2. 成熟直播间货盘

直播间在抖音系统中的流量池层级，最终是流量转化为销量的效果，这其中的关键是直播间的货盘，既然处于盈利阶段的直播间，说明直播间的货盘是经过了实战检验的，具备良好甚至优秀的销售转化效果，从这个意义而言，具备稳定货盘的成熟直播间，虽然其流量层级会有波动，但不会剧烈波动，因为货盘就是直播间流量最大的稳定器。

但任何一个直播间测试出来的"爆品"，或具备爆品转化效率的优质货品，都会有一定的生命周期，直播间是需要不断调整货盘的，这就带来了直播间因为销售转化波动而产生的流量层级波动，这是无法避免的，唯有在调整货盘的时候，依靠运营团队的经验和详细的数据分析，尽量把货盘调整得平稳一些，避免直播间流量层级的降级。

3. 成熟的运营团队

盈利直播间的稳定，两大支柱是货品与团队，能够将直播间运营到盈利阶段的团队，一定是久经考验的，相互之间的配合是默契的，整个团队的心态和士气调整得比较好，这种成熟的团队组合是直播间经历波折的稳定器。

实际操作中，当下直播电商高速发展的行业态势，造成了包括以主播、运营和投手为核心的人才流动非常剧烈，这也是当下很多直播间无法保持持续盈利的根本原因——核心团队不稳定，尤其是主播一旦达成了一定的销量规模，大概率会脱离原有团队，跳槽或者独立门户，这也是当前行业的普遍痛点，短期内看似无法解决。

4. 成熟的投流策略

直播间经历了前四个阶段的打磨，直播间投手已经清晰了直播间不同阶段的投流策略，并得到了实际产出数据的有效性验证，因此这种成熟的投流策略有助于通过付费流量，将直播间的关键数据做上去，通过抖音系统算法打开流量池层级的上升空间。

需要强调的是，抖音系统算法允许直播间通过内容获得低成本的自然流量，但自然流量最大的问题恰恰是不稳定的，而且抖音本身的商业属性决定了，平台必然依靠出售流量获得盈利，因此付费流量是直播间获得稳定销售产出的必然选择，也是稳定直播间流量重要工具。从这个意义来看，直播间的盈利阶段，本质就是通过付费流量撬动自然流量，获得更高层级的流量池曝光，进而才能把直播间的各项数据做大，实现直播间盈利的扩张。

总结来看，盈利阶段的直播间需要重点考虑的问题是如何在抖音流量池层级中，不断上升并不断击穿更高级别的流量天花板，获得更多的直播间自然展示，这是一个动态的过程，没有哪个直播间能够稳定地处于特定的流量池层级中，系统算法会对直播间数据进行实时测试，以此决定直播间流量池层级的变动，这就需要直播间运营团队整合各种因素，包括货盘、团队和投手等，完美承接每一次流量推送，并且不断扩大产出数据，这才是盈利阶段的直播间运营的核心要义。

Day29　什么是直播间的高位下播？

一、每日任务清单

直播间高位下播所涉及的相关内容如图5-6所示。

二、洁洁创业日记：高位下播操作的实战价值

8月28号，星期日，天气暴雨。

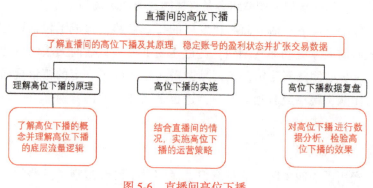

图 5-6　直播间高位下播

今天是创业的第 29 天，我们 30 天打造盈利直播间的进程已经到了最后的时刻，昨天娜姐给我们传授的流量池层级的概念，解决了直播间运营思维的又一大问题，在冲击更大盈利规模的关键阶段，我们更加理解了抖音算法引流的本质——所有的直播间都生存在抖音的算法里，要想保持盈利状态，必须不断调整各种要素，随时应对系统算法的变化，并不是一个直播间做到了盈利阶段，就可以一劳永逸、坐享其成了，对于存活在算法中的直播间而言，变化才是永恒的不变。

"娜姐，今天有什么直播间的高级打法传授给我们啊？"我今天来直播间很早，九点钟就到了，没想到娜姐也来得很早，赶紧追上去打个招呼。

"我看了你们昨天的直播，已经打磨得很熟练了，有个技巧称为'高位下播'，我觉得你们可以从今天开始尝试一下。"对于第 29 天的训练内容，娜姐显然已经思考得非常成熟了，回答的速度很快。

"太好了，等大家都到了，我们立刻开会，准备第 29 天的实操训练。"我对于这样的实战技巧训练，一向求知若渴，赶紧高兴地回答道。

上午 10 点半，直播间，我们一贯的工作场地兼办公场地和会议室。这是抖音直播间空间比较大的好处，我们在公司借的直播间足有 60㎡ 大小，足够日常的使用了。

"各位同学，今天我再教你们一个小技巧，保准之后每次开播都有高在线人数。"娜姐看到人来齐了之后，开始吊起大家的胃口。

"哦，还有这等'神仙技巧'？为什么我们早不知道啊？"阿旭对于这个问题显然是最感兴趣，毕竟香水号是她亲手打造的一个直播间，也是她最大的兴趣所在，真搞不懂平时不爱打扮的阿旭，怎么对香水这么有研究。

"这个方法称为'高位下播'，核心要义是等直播间的人气和成交处于上升趋势的时候，突然下播，结束今天的直播，因为此时的直播间'热度'处于高位，因此称为'高位下播'，大家明白了吧。"娜姐简单扼要地解释了这个"神仙技巧"。

第五章（Day27~Day30） 直播间盈利阶段

"这倒是个新鲜概念，高位下播，听起来挺可惜，让保持热度的直播间突然下拨，具体怎么操作呢？"越来越善于思考的我，提出了大家都想问的问题。

晚上22:00，香水号直播间。

"各位宝宝们，无人不知、无人不晓的女神香水首选，一开盖，你就仿佛是一颗话梅糖加入带冰的朗姆酒中的味道，轻抿一口慢慢流入喉咙中，刺激又舒服，齁甜又微醺，让人非常的上瘾。当你站在舞池中央，人群中的小哥哥们都忍不住地朝你靠近。黑玫瑰（某品牌香水）绝对是对得起'女神'二字的香水！"阿旭熟练而激情四溢地介绍着产品，此时的直播间数据良好，正处于向更好的目标前进的状态。

"娜姐，我们预计15分钟后下播。"我轻声提醒娜姐。

"投最后一波流量，卖爆品，不憋单，要逼单。"娜姐对小麦耳语了一番，就看到她在主播对面白板写了以上信息，阿旭悄悄给了一个OK的手势。

"娜姐，这都要下播了，为什么还要投流啊？"琳琳不懂就问。

"下播后给你解释。"娜姐干脆地回答。

"流量来了，阿旭，快，卖爆品。"小麦给出信号提示主播和副播。

"宝宝们，3位数的小香梨香水，今天在我直播间个位数秒给大家，只有10个库存，拍完主播就下播了，5……"

"4……3……2……1……上链接！小黄车1号链接大家赶紧去抢，最后10个库存！"

"下播！"关键时刻，娜姐发出了下播的指令。

"啊？现在下播，直播间正在上人，还有出单呢。"我有点诧异。

"现在下播！"娜姐无可置疑的强调。

虽然我们不明就里，但也遵照娜姐的指令行动，立刻下播。

"娜姐，我们正在出单啊，下播好可惜啊。"下播的阿旭难掩失落的心情。

"是啊，当时在线人数也在噌噌地上涨，这时候下播真的好可惜啊。"琳琳也附和着。

"这就叫高位下播，为了确保你们下次开播时，同样有高在线人数。"娜姐用令人安心的肯定口吻回应大家的疑问："高位下播就是说在直播间人气上涨且出单时，立刻下播，别贪恋时长，下播时直播间的在线人数是多少，下一次开播时的快速流量也会有一个高起点，或许这算是抖音算法的一个小窍门吧。"

"如此说来，这就像按了一个暂停键，把一切数据给定格住了，这样抖音算法在我们下播的那一刻，仍然认为我们是一个最优质的直播间，下次推急速流量的时候，也会高起点，对吗？"经过了29天的磨炼，我已经具备了超强的领悟能力。

"非常正确，你可以这么理解，如果以后你们开播，担心没有流量，就可以用这一招。"娜姐非常满意我的悟性，笑眯眯看着我。

第 29 天，我和小伙伴儿走在通向成功的正确道路上，依然保持了高昂的学习热情，这是我们这次创业最大的收获，也更加坚定了我创业成功的决心！

三、深度课堂

本期深度课堂的具体知识内容如下所述。

（一）什么是高位下播？其对直播间有什么好处？

高位下播是直播间运营的一种技巧，指的是在直播间人气值上升而且正在出单的情况下，主播主动选择结束直播。图 5-7 所示为高位下播概念图。

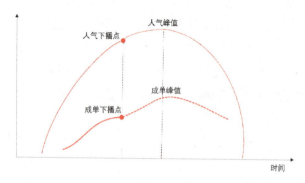

图 5-7　高位下播示意图

高位下播有两个先决条件：人气值处于上升趋势，同时必须有出单，且最好也处于上升趋势，必须同时达到这两个条件，才能称之为"高位下播"。从表面来看，这种结束直播的方式看似有违常理，因为直播间的各项数据都处于上升期，尤其是正在出单的情况下，为什么不选择乘机进行流量变现而结束直播间呢？这样的做法对直播间有什么样的好处？

首先说明，高位下播的运营打法并不是直播间运营的决定性技巧，可以作为日常采用的小窍门，高位下播的本质是"冻结"直播间良好数据的状态，系统算法会给直播间一个高位的流量起跳，有利于下一次直播间开播的时候。换句话说，相对于那些非高位下播的直播间，高位下播直播间下次开播的时候，算法推荐的急速流量规模要更大一些，流量到来的时间更早一些，因为系统算法对于直播间数据的"记忆状态"仍然停留在"高位"状态，抖音算法依然凭借记忆，认为这个优质的直播间又开播了，值得给予流量支持。

（二）下播时机的选择，有哪些影响因素？

高位下播是直播间运营技巧的常规打法，但高位下播并不适用于所有类型或者阶段直播间，直播间的下播时机主要取决于四个因素：相对常规的低位下播、主播状态下滑、投流预算烧完和高位下播，如图5-8所示。

图5-8 直播间下播时机选择

1. 低位下播，流量枯竭

此时的直播间人气值下降，在线人数逐渐降低以及成单下降，主播或者直播间运营没有"信心"继续开播，于是自然而然选择下播，此时直播间的各项数据处于下滑态势，因此称之为低位下播，这种下播方式对于起步阶段的直播间是最常规的下播方式。

2. 主播状态下滑，选择下播

主播状态也是影响直播间下播选择的重要影响因素，对于大多数直播间而言，主播是影响成交的关键，但主播的状态随着开播时间的延长，加之其他因素的影响，会出现状态下滑的情况，此时即便开播也无法承接流量，因此及时下播不失为一种合理的选择。实际上，无论是成熟的带货主播，还是新手主播，既然是人，就会产生不可控的因素，长时间高强度的直播，难以保持最佳的亢奋状态，主播需要下播调整状态。

3. 投流预算烧完，选择下播

每一场直播都会设定投放的金额预算，通常设定为本场GMV的5%~10%，即如果本场预估GMV为100万元，那么付费投放预算锁定在5~10万元，烧完即止。这样做的好处是最大可能保证直播间的投产比，不至于因为过多的投放成本而导致本场利润产出降低。因此，有些直播间的打法若非常依赖付费流量的话，例如爆品直播间，一旦设定预算的千川计划资金耗尽，直播间也就到了下播的时机。

4. 高位下播，冻结直播间数据

在所有的直播间下播类型中，高位下播是主动的选择，并且融入了直播间运营的技巧成分。高位下播实际上利用了抖音算法的特点，该算法实时监测直播间的关键数据，例如直播间人气和成交单数，当直播间选择在以上两个数据上升趋势过程中，戛然而止下播，抖音对于这个直播间的数据就停留在下播的时刻。

也许有人会有疑问，为什么不继续等待以上两个关键数据继续上升，再选择下播呢？实际上这个高位下播的"高位选择"是一种主观判断，因为我们并不知道人气和成单峰值什么时候到来，也许会继续上升，也许会掉下来，选择高位下播实际上是"赌"后面的数据会下滑，还不如见好就收，这有点类似于炒股票的道理，谁都不知道抛售的时候是不是股价的最高峰。

（三）高位下播适用于哪些类型的直播间？

不同类型的直播间打法各有特点，例如上文提到的爆品直播间，基本的打法是将测试出来的爆品红利收割殆尽，通过千川定向付费流量导入直播间，通过爆品收割订单，这种直播间没有必要采用高位下播的打法。

如果是成熟的直播间，直播间的基础数据和人群标签已经做出来了，引流策略相对成熟，即通过付费流量撬动自然流量的模式已经建立，自然也不会依赖高位下播，为下一场开播奠定好的流量基础。当然这也不是绝对的，成熟直播间选择高位下播，如果能够显著提升下一场直播的基础流量，偶尔采用也未尝不可，但绝对不是运营的核心手法。

只有那些处于起号阶段的直播间，或者处于上升期的直播间，如稳号阶段的直播间，这类直播间因为货盘、主播、运营团队都在测试中，处于不太稳定的阶段，因此直播间运营团队普遍对于下一场开播流量没有底气，担心第二场以及后续开播起步流量不好，因此运营团队会比较多地选择这种打法，尽量降低下一场开播的引流难度。

（四）选择高位下播的底层逻辑是什么？

直播间高位下播的底层逻辑其实很简单，总结一句话，冻结直播间的优质数据，引导算法下一次开播高位推流。直播间一旦开播，抖音系统算法就开始通过数据采集监控直播间的状态，并以此作为流量导入的评估依据，尤其是自然流量分配的依据。大家不要忘记高位下播的两个前提条件：直播间人气值上升趋势以及正在出单，此时下播意味着抖音算法对直播间的"好印象"，这是一个有吸引力且有转化力的直播间，如果这个直播间再次开播，可以为其导入比较高的流量。

本质上，高位下播是迷惑了抖音系统算法，将一个普通直播间，通过冻结最高数据表现，在抖音系统算法面前包装成了一个优质直播间。

关于高位下播，还需要考虑如下3个底层逻辑问题，否则这种技巧也仅仅图个心理安慰罢了，不能实质上提升直播间的运营水平。

1）**高位下播的直播间，必须有连续且固定的开播计划**。高位下播实际上是为了下一场开播奠定流量基础，因此直播间需要制订连续的开播计划，最好是每天固定开播，才能最大程度利用高位下播带来的流量基础红利。

2）**连续开播的情况下，高位下播的瞬间数据必须是上升趋势**。简单来说，高位下播是迷惑系统算法的小技巧而已，如果每次高位下播的数据是下行趋势，系统算法照样不会判定这个直播间属于优质直播间，在导流方面不会给予关注。这就要求我们在连续开播的状态下，每一次的高位下播数据，人气值和成单数都比前一场高，唯有如此才能彻底发挥出高位下播的优势。

3）**高位下播结合抖音七天螺旋机制，发挥高位下播的最大威力**。其含义是抖音系统算法把七天作为一个数据统计的周期，以此为基础调整每一个直播间的流量分配机制，把直播间的流量池等级该升级的升级，该降级的降级，业界将其称为"七天螺旋机制"。

因此，高位下播关注的是本场直播的下播时机，以及下一场直播的开播流量，但结合七天螺旋机制，就会将直播间的运营重心从单场直播间，扩展到七天一个周期，更有利于从中长期的角度，将直播间的关键数据逐渐提升，进而稳定地获得抖音系统算法的认可，这才是盈利直播间稳定成长的运营思维，而非追求直播间的短期效益。

最后做一个总结，所谓的高位下播是打造盈利直播间过程中技巧，这不是直播间盈利的关键，真正重要的是将每一场直播数据的提升做成一种向上的趋势，无论是以单场直播统计，还是七天螺旋机制的统计周期，只有逐步提升的销售数据才是保持并扩大直播间盈利的根本，除此之外都是表面功夫的小技巧，不可过分倚重。

Day30　如何控制直播间的引流成本？

一、每日任务清单

控制直播间引流成本所涉及的相关方法如图5-9所示。

实战抖音电商：30天打造爆款直播间

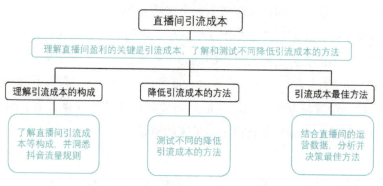

图5-9 控制直播间引流成本的相关方法

二、洁洁创业日记：引流成本影响直播间盈利

8月29号，星期一，天气晴。

上午的例会，按照惯例在11点召开，但今天的意义格外不同，因为今天就是我们直播间创业的第30天，也是直播间迈向成熟稳定的里程碑。

"洁洁，虽然你们当初创业的想法有点不那么严谨，但让我很意外你们能够坚持到今天，而且香水号的直播间基本上算是成功了，今天是第30天，由洁洁来做个发言吧，谈谈你的创业感想。"博哥再一次出现在我们的直播间，主持我们单飞日的复盘例会。

"各位小伙伴儿，我觉得'洁洁'不代表这个团队的全部，我很幸运遇到各位，感谢大家当时头脑发热，受到我的蛊惑踏上了直播间带货的创业路，当然最应该感谢的是嘉美洛有限公司以及公司派出的博哥和娜姐，是你们的实战经验带领我们走到今天，感谢你们给予我们事无巨细的创业指导，这是支撑我们直播间能够走到今天的决定力量。"作为团队中"名存实亡"的领导者，我的发言更像欢送会的告别演讲："我们的直播间截止到今天，单场GMV已经稳定在4万元左右，这个成绩是在没有大规模投流的前提下取得的，虽然距离单场GMV10万元的目标尚有距离，但我们的信心十足，剩下的交给时间来验证，再一次感谢每一个小伙伴，谢谢你们的信任和付出！"

"我说洁洁，咱们还没有到'鸣金收兵'的时候呢，怎么你的发言像是告别会上的总结陈词呢？"阿旭显然没有被我的情绪所带动，依然保持冷静："今天还要请博哥出马，给我们传授降低引流成本的秘籍，你不要偏离主题，好吧？"

"哈哈，这不是总找不到发言的机会嘛，是有点太煽情了啊，咱们还是进入降低引流成本的议题吧。"在阿旭的提示之下，我也给感觉有点不好意思。

"下面我来说一下，咱们直播间的引流成本构成：一个是短视频的投流，一个是直播间的投流，还有就是引流款的亏货。"充满数据理性的琳琳比任何人都快速进入了状态。

"我们现在是拿英国小香梨来引流，这款产品成本13元，再加3元邮费，我们以9.9元售卖则亏得太多，应该换个引流款，找个成本低一些的产品，不过产品需要重新测试。"看样子阿旭对于亏货引流早就看不顺眼了。

"降低引流成本是直播间盈利的关键，而且是长期运营的关键，也是一个需要综合调整很多因素的过程，这不是一蹴而就的事情。"博哥严肃地说："我们需要关注每一场直播的引流成本问题，持续扩大盈利的关键就看如何控制运营成本了。"

"针对今晚开播的引流成本控制问题，下午我和娜姐会带领洁洁和琳琳重点讨论，看哪一种节省引流成本的方式适合你们直播间。"博哥说道，并宣布上午例会结束。

下午14：00，直播间，一场只有博哥、娜姐、我和琳琳的会议。

"博哥，难道不存在一种通用的直播间打法，可以有效降低引流成本吗？"琳琳首先发问，似乎想找到一个稳定的打法，将直播间引流成本降低。

"基本不存在这样的固定打法。"娜姐的回答很干脆："抖音系统算法每时每刻都在更新，甚至每隔一段时间都有大的调整，而且不同的直播间团队，不同的品类，不同的开播时间，都决定了不存在一劳永逸的降引流成本的方法。"

"每一个直播间的运营团队，在理解抖音流量的底层逻辑基础上，都在探索最适合自己直播间的打法，不要相信那些经典打法套路，永远相信自己的测试成果。"博哥补充道："例如你们的直播间，香水本身是一个专业性比较强的品类，有效降低引流成本有两个因素很关键：即阿旭个人IP的塑造以及选品的爆品思维。"

"通过30天的运营，你们也知道了抖音虽然是公域平台，但达人所具备的粉丝依然对直播间是有影响的，即便就是付费引流，达人直播的停留和转化都具有优势。"娜姐接着博哥的观点，并补充道："通过短视频塑造阿旭的个人IP，结合适当的付费投流，才能真正把直播间的流量池层级稳定下来，至于爆品思维的选品，好的产品是具有放大流量效应的，产品不仅是转化的关键，更是节省引流成本的制撒手锏。"

第30天的晚上21：30，我斜靠在直播间的沙发上，看着星光点点的夜幕，回想这一路走来的创业历程，我们从懵懂到略懂，从激情到失望再到希望，小伙伴们因为有着相同的创业梦想而相聚相拥，一路披荆斩棘走到现在，虽然依然前路未卜，但无论怎样，当下的我们都是最好的我们，努力前进的创业者是最勇敢的，致敬我们自己！

三、深度课堂

本期深度课堂的具体知识内容如下所述。

（一）引流成本的主要构成是什么？

什么是直播间的引流成本？相信大家应该对这个问题有了基本的认知，引流成本是非常复杂的综合因素，当然更是直播间实现盈利的关键。直播间的引流成本包括短视频引流成本、千川投放引流成本和亏货引流成本3个部分，其所产生的成本构成了一个直播间日常运营的成本核心，如图5-10所示。

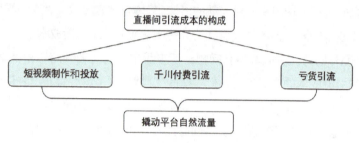

图 5-10　直播间引流成本的构成

1. 短视频引流成本

短视频引流是很多带货直播间团队能够想到并且运用的引流手段，实际上短视频不仅被当作引流手段，也是测试爆品的手段，短视频爆发意味着产品具有爆品潜质，可以进入直播间实现变现了。需要强调的是，短视频引流也许并不像很多初创团队想象得那么简单，根据主播或产品，拍摄一段几十秒的视频，通过账号发布出去，然后坐等流量到来。实际上，短视频引流有如下两个方面需要关注。

一方面，爆款短视频的创意难度。真正能够在抖音平台爆发的短视频，在编剧策划方面需要投入资金引入合适的人力资源，并不是所有自认为有创意的视频，就一定可以获得很好的播放数据，这需要短视频编剧具备丰富的经验以及良好的网感，才能持续不断输出爆款短视频。注意是持续输出爆款短视频的能力，而不是昙花一现的灵感闪现，这才是最难的部分。

另一方面，短视频的投放加热是必备的，这是需要投入真金白银的预算。真正可以测试爆品或者引流直播间的短视频，都是需要投放进行付费引流加热的，并不是完全依靠自然流量获得短视频良好的数据表现，这一点所有初创团队必须清楚，需要为短视频良好的播放数据准备投放费用，同时不断优化投放的定向策略，这一点与直播间的引流投放在底层逻辑上是相同的。

2. 千川投放的成本

对于直播间的运营而言，"穷则玩自然流量，富则全力付费投流"，任何一个爆款直播间的运营，付费引流基本上是无法规避的，也是大规模产出 GMV 的关键，这也符合抖音作为商业平台售卖流量的底层逻辑。

影响千川投放成本的重要因素是投放的出价策略，而出价本身并不是反映在"单价"上面，而是需要结合直播间所聚焦的品类、核心数据参数，产品售价和毛利空间进行精确的测算，核心目的是以最低的价格获得足够的流量。

以上是正常情况下，我们看待千川出价策略以及投放成本。在行业实践中，有时候并不从单场直播衡量投流成本，而是从直播间未来的长远盈利看待投流成本，即不惜重金引流让直播间或者达人获得平台垂直类目的头部地位，这种情况下直播间的付费引流成本是战略考量，通常是具备一定实力公司的战略行为，就不是以单一场次的 ROI 来衡量的了。

3. 亏货引流的成本

直播间的引流成本构成中，亏货引流也是重要的构成，这种引流方式属于间接引流，是通过亏货让直播间的数据满足抖音算法的考核，进而获得算法更多的推荐流量。

在项目的实操中，我们不要低估亏货引流导致的成本增加，货品本身的采购和物流成本，要想让直播间达到预期的流量和 GMV，这笔亏货引流的费用有可能并不低，具体要看用于亏货的引流款或者福利款的货品价值和数量。对于本身就是供应链的品牌方而言，虽然货品本身并不算太值钱，但如果亏货的量比较大，再叠加物流和退货成本，这笔费用也会构成直播间运营中不可忽视的成本压力。

（二）如何保持直播间的持续盈利？

直播间保持持续盈利和短暂盈利，这是完全不同的两个概念，某些场次的直播盈利并不困难，真正的挑战是运营一个源源不断产生利润的直播间，这一点是非常困难的，因为伴随着直播电商行业的发展，平台政策和规则细节的变化，团队成员的高流动性等因素，保持高盈利直播间是需要精心维护的动态平衡，这很考验团队稳定的能力输出。

实际上，影响直播间盈利的因素有很多，关键还是货品和运营团队，这两个因素决定了"人货场"的匹配度，如果是达人直播间，主播也是决定直播间实现盈利的关键，而直播间要想实现持久的盈利，除了以上三个核心要素，还必须放大直播间的流量规模，因此如何降低引流成本，就成为直播间长期盈利的关键了。

总结来看，直播间保持持续而稳定的盈利状态的三个关键因素如下所述。

1. 优质货品的迭代

直播间的运营者需要不断开拓供应链并做好直播间优势货品的更新，"花无百日红",再好卖的产品也是有生命周期的,当一个直播间卖出一个爆品之后,就需要思考下一个能够引入直播间的爆品在哪里的问题。

2. 主播及其运营团队的稳定

这一点非常关键,同时也是最有挑战的事情之一。主播成熟之后的稳定问题,包括主播运营团队的稳定,都决定了直播间的稳定性。

3. 足够规模和低成本的流量

如果货品和主播是稳定且成熟的,那么剩下的唯一问题就是引流问题了,这就是资金预算和抖音算法博弈的结果,二者缺一不可。现实中依靠自然流量获得直播间的规模盈利难度很大,尤其是稳定盈利更是险中求胜。

此外,可能与大多数人的想象不同,抖音并不会特别在意所有的直播间都能够实现很好的盈利状态。平台会通过算法调整大部分直播间的状态是"略有盈利",唯有如此才能引导直播间更多购买平台付费流量,实现平台的商业价值最大化,这就是抖音平台频繁调整算法和政策的原因,从而让直播间的运营者不断调整,保持动态中的盈亏平衡,而非一劳永逸式的暴利直播间。

除了引流成本以及抖音电商底层逻辑的理解,直播间保持持续盈利的关键更加在于,加强对抖音电商未来发展趋势的判断,并做好提前布局。从 2021 年下半年开始,抖音电商就更加细分为了搜索电商和直播电商,前者更像是传统电商的"人找货"模式,后者是新零售的"货找人"模式,未来直播间的引流方式也许会加大在搜索关键词上的投入,千川投放系统已经可以投放关键词了,进一步丰富了直播间引流的方式。

(三)在任何情况下都需要考虑降低引流成本吗?

答案是否定的,不同阶段的直播间和运营团队思路的不同,都会影响我们愿意付出的引流成本。例如起号或稳号阶段的直播间,如果不是依靠自然流量的话,在引流成本方面就要投入大一些,先在系统算法中建立模型和贴标签。当直播间在系统算法中的模型清晰之后,例如品牌直播间或者达人直播间,才会重点考虑如何降低引流成本,通常采用的是总额限定的方式,例如将千川的投放预算设定为直播场次 GMV 的 5%~10% 以内,所有付费引流预算都在此范围内,这也是一种控制引流成本的方法。直播间引流的目的不同,对于引流成本看法和处理手法也不尽相同,如图 5-11 所示。

1. 洗粉引流

品牌直播间或达人直播间通常会有规模不等的粉丝,这些粉丝会对直播间的

图 5-11　直播间引流不同目的

销售产生帮助，当然这也要看粉丝类型，是购物粉还是内容粉。但当直播间的成交比例中，粉丝占比过高的时候，例如占比到 70% 以上，这对于直播间扩大销售是不利的，必须要进行洗粉引流，降低粉丝成交比例，原因是粉丝成交占比过高，不利于直播间扩展销量规模，必须要通过引流操作增加新的成交用户，稀释粉丝成交比例。洗粉引流的首要目的是洗粉，因此对于拉新的引流成本不太敏感，尽快完成直播间成交流量结构的优化。

2. 拉新引流

所有直播间想要扩大盈利，都需要在不断优化粉丝成交占比的基础上，扩大直播间新的成交用户规模，即直播间成交的拉新。实际上，洗粉引流和拉新引流的本质是相同的，都需要为直播间引入新的流量，但拉新引流的首要目的是追求成单和客单价，因此对于拉新引流的成本是需要精确计算的，这就是通常说的直播间的投产比，即 ROI 的计算。

3. 标签优化引流

直播间的标签优化，是直播间在运营过程中不断进行的工作，尤其是当直播间需要提升客单价的时候，需要将原有成单用户的比例降低，重新在抖音算法中贴标签，撬动系统分配支付能力更强的精准流量。直播间提升客单价的标签优化通常并不容易，由低客单价拉升至高客单价，需要花费更多的资金预算通过投流拉新的高客单价用户，此时对于引流成本的耐受度会比较强，直播间投手愿意出高价，以便尽快达到标签优化的目的。

（四）降低引流成本的关键是什么？

从总体而言，降低直播间引流成本的关键是通过付费流量撬动自然流量，付费流量是用来优化直播间的核心数据表现，这是我们之前就强调的抖音直播电商的引流逻辑。优化直播间的核心数据，最直接的手段就是千川定向投放，其次是通过短视频"加热"直播间，为直播间引流，我们重点讲解的是千川投放短视频的部分，除了剧本创意以外，也是通过千川进行短视频的加热，才能获得最优的播放数据。

通过千川降低直播间引流成本，除了前面提到的出价策略以外，最关键的是测试出适合直播间的人群包，人群包越精准，投流就越精准，从而才可以有效降低引流成本。什么是人群包？业内人士通常无法准确形容这个概念，我们从应用层面简单来理解，人群包可以看作是一组关键词，这些关键词可以精准地描述某类人群的特征，如果我们掌握了这些关键词，就可以在千川投放的时候，增加精准引流的效率，从而降低直播间的引流成本。

精准人群包的获取方式有如下两种。

1. 非正式途径

非正式途径获得抖音内部的人群包资料是通过抖音巨量引擎的广告大数据测算出来的，如此大量的数据计算，所产生的人群包自然比较精准，然而这种人群包并不是所有直播电商的机构或者团队都可以获取的，需要特殊的渠道才能拿到这种内部资源。需要提醒的是，即便是官方人群包也不见得适用于所有的直播间，这些人群包是平台统计了最近一段时间，关键热词背后的用户标签，因此这个人群包具有很强的时效性，需要尽快测试运用，否则时间拖延了，官方人群包就效果减弱了。除了时间因素以外，这些人群包需要根据每一个直播间的情况进行测试，并通过调整才能有更好的精准引流效果，并不是拿来就可以直接使用的。

2. 千川计划

通过千川计划不断测试，从而综合评测出最适合直播间的精准人群包，很显然这是一种"笨办法"，然而这是在没有可能获取官方人群包的情况下，最适合直播间的常规操作。具体的方式也很简单，通过制订多种千川计划，调整不同计划的人群包定向，通过计划实施测试哪种人群定向的投产比更高，从而获得在这个时间段，适合于本直播间货盘的精准人群包。需要说明的是，这个测试出来的人群包，具有时效性而且随着直播间货盘的不同，也需要不断测试和修正，并非针对这个直播间是一劳永逸的人群定向工具。

> 时代瞬息万变，面对变幻莫测的未来，可以预想到，国内直播电商行业将会迎来更加激烈的竞争，甚至是行业洗牌。但无论行业如何变化，直播电商都是电商的延续与拓展，因此流量及流量成本永远一个爆款直播间驾驭平台算法，战胜竞争对手的关键，也是不同直播间运营团队之间终极对决的竞赛项目。当一个直播间顺利走完初期所有的关键环节，团队剩余的时间和精力就要交给引流成本的控制了，而这是一项复杂的系统工程且没有终点，唯有不断去创新与探索。